EXCURSIÓN AL CIELO

Atrévase a Ir Adonde Dios Quiere que Vaya

PAUL L. COX

ISBN: 978-1-5136-3348-0

Diseño de la Portada por Jana Green

Traducción al español: Alma Arellano www.trans4nations.com

Traducción al español y edición: Silvana Mercado Nwosu
www.trans4nations.com

Publicado por

Aslan's Place
9315 Sagebrush St.
Apple Valley, CA 92308
www.aslansplace.com

Dedicación

Dedico *Excursión al Cielo* a mi esposa por cuarenta años quien ha sido mi copiloto en nuestra *Excursión al Cielo*. Gracias Donna, por amarme, creer en mí y apoyarme mientras me aventuré en las regiones desconocidas del increíble universo multidimensional de Dios

Tabla de Contenidos

Introducción

En un viaje de ministerio a Suiza, me habían advertido de antemano que muchas de las personas que asistirán a la reunión eran muy religiosas y que se habían formado opiniones negativas acerca de mí y de mis enseñanzas. Habiendo tenido que enfrentar críticas antes con respecto a lo que he dicho o no he dicho y ni siquiera haber dicho; diciendo que lo que hago es extraño, con todo esto, no estaba muy emocionado con la idea de enfrentarme a un público tan escéptico.

Yo creo que cuando Adán y Eva cayeron perdieron la comunión que Dios ya había previsto. Por medio de Jesucristo estamos siendo restaurados a un lugar que Dios pretendió que fuera una forma normal de vida. La intención de Dios es que aprendamos a experimentar reinos espirituales.

Debido a que el mundo religioso se niega a reconocer el componente espiritual de nuestra vida cristiana, existe una enorme resistencia a cualquier movimiento dentro de las realidades espirituales. Me di cuenta de que era con esa resistencia a la que yo me enfrentaría en la conferencia. Por lo tanto, una justa indignación se levantó dentro de mí, así que escribí una proclamación que sigo usando hasta ahora al comienzo de muchas conferencias que dirijo. Ofrezco esta declaración ahora, como una introducción a este libro.

Proclamación

Yo no vengo a usted con palabras excelentes o de sabiduría humana a declararle el testimonio de Dios, porque yo estoy determinado a no saber nada entre ustedes excepto a Jesucristo y al Cristo crucificado.

Yo vengo en debilidad y temor y con mucho temblor. Mi palabra y mi predicación no son con palabras persuasivas, sino con demostración del Espíritu y de poder, para que su fe no descanse en mi sabiduría o en la sabiduría del hombre sino en el poder de Dios.

Estoy determinado a conocer a Jesucristo y el poder de Su resurrección y la comunión de compartir en Sus sufrimientos para llegar a ser como Él en Su muerte.

Yo declaro que el Reino de Dios no es una cuestión de hablar sino de poder.

Declaro que tenemos este tesoro del poder en vasijas de barro, para mostrar que todo este poder es de Dios y no de nosotros.

Yo declaro que mi objetivo es que el Dios de nuestro Señor Jesucristo, el Padre de gloria, nos dé el Espíritu de sabiduría y de revelación en el conocimiento de Él y que los ojos de nuestro entendimiento sean iluminados para que sepamos ¿cuál es la esperanza de Su llamamiento y las riquezas de la gloria de Su herencia en los santos, y cuál es la extraordinaria grandeza de Su poder para con nosotros los que creemos según la operación de Su gran poder que operó en Cristo, resucitándole de los muertos y sentándole a Su diestra en los lugares celestiales.

De acuerdo con la Palabra de Dios, yo estoy en contra de todos los que parecen tener piedad, pero niegan su poder.

Yo me mantengo firme en el Nombre del Señor Jesucristo, contra todo y todos los espíritus religiosos que buscan confundir, interrumpir, o mal interpretar lo que digo.

Declaro que sólo el Dios Todopoderoso, el Señor Jesucristo, y el Espíritu Santo pueden crear dones espirituales. El enemigo sólo puede distorsionar, cambiar, y pervertir lo que Dios ya ha creado.

Declaro que es hora de que la Iglesia reciba de nuevo todos los dones espirituales robados por el enemigo y le permita al Espíritu Santo usarlos para el bien del avance del Reino de Dios.

Declaro que todo lo que hago durante nuestros tiempos juntos es en sumisión al Señor Jesucristo, y lo hago todo en el nombre del Señor Jesucristo, cuya sangre fue derramada en la cruz por nosotros levantándose de entre los muertos y que ahora está sentado a la diestra del Padre.

Declaro que para siempre es Suyo el reino, el poder, y la gloria

Capítulo Uno

V arios años atrás, cuando era pastor de jóvenes de la iglesia bautista

en el sur de California, llevaba al grupo de secundaria al "Magic Mountain" (Parque de Diversiones La Montaña Mágica). Siempre era un tiempo maravilloso porque me gustaba subirme a las montañas rusas y esperaba con ansias las nuevas atracciones que vendrían con la siguiente temporada de verano. En uno de los viajes, esperé con gran emoción, porque había oído hablar de un nuevo juego llamado "Freefall" (caída libre). Tomé un par de autobuses llenos de niños, bajamos y nos dirigimos hacia el parque. Finalmente llegamos hasta el "Freefall", y vi esta jaula suspendida en un poste, arriba en el aire, y una larga fila serpenteante de personas. La gente era subida a las jaulas y los asistentes cerraban la puerta; subía hasta la parte más alta, por una pista y luego se precipitaba velozmente hasta que paraba. La gente salía, y el siguiente grupo entraba para repetir el proceso. Vi esto una y otra vez. Luego pensé: "Bueno, no se ve tan mal, yo lo puedo hacer", así que entré al "Freefall". La jaula comenzó a ir hacia arriba, mientras todos estábamos parados. Llegó hasta la punta, como tres millones de pies en el aire, miré hacia el piso a través de la jaula, y pensé: "Dios no nos creó para estar tan alto por encima del suelo y mirarlo todo desde la distancia". Entonces, alguien pulsó un botón,

12

y pensé que me iba a morir. La jaula se dejó caer velozmente hasta que se detuvo y el viaje había terminado. Así que me bajé del juego y caminé alrededor por un tiempo y pensé: "No sé si me gustó o no". Pero seguí mirando el juego, y pensé: "me podría subir de nuevo, pero no estoy seguro si lo haré". Hacia el final del día, cuando estaba teniendo el coraje para subirme de nuevo, me di cuenta de que había una multitud de personas, y todos estaban mirando hacia la parte superior del juego. Y por supuesto yo también miré. Toda la gente estaba mirando la parte alta del "Freefall", especialmente la escalera que subía hacia el poste. En la punta estaba la jaula suspendida en el aire y no se movía. Ahora nuestra atención estaba en la escalera, porque había un hombre en ella subiendo al poste, alto en el aire, obviamente moviéndose hacia la jaula. Ahora todo tenía sentido. ¡El juego estaba roto! En el suelo, había una larga cola de gente como de hora y media, esperando entrar al "Freefall". Esta es la imagen. Ahora hay un juego roto, con un empleado subiendo por la escalera, y abajo una línea de casi dos horas esperando entrar al juego roto. Entonces, tomé una decisión rápida "¡No me voy a subir a ese juego otra vez!"

¿Por qué sentimos que estamos obligados a hacer cosas emocionantes? Estamos incluso dispuestos a esperar en una cola larga para entrar en ¡un juego roto! ¿Por qué pasa esto? Parece que pasáramos de un evento a otro, siempre con la esperanza de que el próximo evento quizá nos llevará a un nivel de entusiasmo y emoción que finalmente nos satisfaga; pero, parece que nunca estamos satisfechos.

Dean Sherman, quien enseñó para 'Youth with a Mission' ('Juventud con una Misión'), habló una vez en nuestra iglesia en el sur de California, e hizo una declaración sorprendente. Él dijo que estamos interesados en tres cosas; un gran romance, un gran conflicto y en una gran aventura. Fíjense en los programas de televisión que vemos, la música que escuchamos, las películas que vamos a ver, los videojuegos que jugamos, o incluso los deportes en los que competimos. Pasamos nuestra vida entera tratando de encontrar la gran aventura, el gran romance y el mayor conflicto. La dificultad no es que hayamos consumido nuestro tiempo en esta búsqueda, sino más bien, que no hemos mirado en el lugar correcto. Hemos fallado en entender que hay en el universo, un Ser que no ha sido creado, un Ser que es eterno, un Ser que nos creó y nos invita a entrar en el mayor romance, en la aventura más grande y en el mayor conflicto de todo el universo. Cuando somos invitados a Su presencia, todo lo demás empieza a parecer aburrido, porque no está a la altura del Más Grande.

En los últimos años, he encontrado que hay un anhelo cada vez mayor en las personas por tener intimidad con el Señor. Muchos están cansados de la "iglesia" como una costumbre. Quieren encontrarse con Dios y experimentar una relación más profunda con Él. Fue durante un viaje a Alemania que fui testigo de primera mano de la realidad de la naturaleza desesperada de los miembros de la iglesia queriendo un encuentro más profundo con el Señor.

Hemos tenido la gran alegría de hacer varios viajes a Alemania. En el segundo viaje, estábamos programados para una conferencia en State Lutheran Church. Fui con gran temor y temblor, porque no estaba seguro de lo que Dios iba a hacer, o mejor dicho, tenía miedo de lo que Él podría hacer. La publicidad sobre la conferencia de liberación fue lanzada y me preguntaba si alguien iba a venir. Para mi sorpresa, vinieron más de 250 personas. Ellos no vinieron a verme. Estaban hambrientos por el poder de Dios, hambrientos de algo que finalmente hiciera una diferencia en sus vidas. Estaban cansados de la "iglesia".

Yo todavía estaba preocupado de que no responderían positivamente al poder de Dios, así que pensé para mí "Voy a mantenerme en un lugar seguro con este grupo. Puedo dar algo de enseñanza, compartir mi testimonio. Nos quedaremos en la Palabra y enseñaré los principios bíblicos del discernimiento y de liberación generacional". Como pastor, yo estaba acostumbrado a predicar a través de los libros de la Biblia, así que me iba a quedar en la Biblia porque no quería entrar en ningún debate teológico. Empezamos el viernes por la noche, y eso fue exactamente lo que hicimos. A la mañana siguiente, uno de los líderes se acercó a mí, y me dijo: "Ahora, queremos que imponga las manos sobre las personas y ore por ellos." En respuesta le dije: "No sé si realmente quiero hacer eso todavía. No estoy muy seguro de cómo lo recibirán. Vamos a esperar hasta esta noche y luego despediré a todo el mundo para que se vayan a casa y los que quieran quedarse, oraré por ellos."

El equipo del liderazgo de la conferencia estaba enojado conmigo e insistieron en que yo orara individualmente por cada persona. Decidí que iba a tomar un paso más de precaución. Iba a preguntarles a los asistentes lo que querían. Cuando les pregunté: "Ahora, ¿qué quieren?" Me quedé sorprendido con la respuesta. Una señora dijo: "Estamos cansados de información, queremos "El Poder". Ahora no tenía alternativa. Oré por las personas. El poder de Dios se movió poderosamente a través del salón. Olas y olas de Su Gloria se movieron sobre el lugar. No había más necesidad de una conferencia. ¡El Señor había venido a visitarnos!

Recientemente calculé que he escuchado más de 5.500 sermones desde que acepté a Cristo como mi salvador personal en la First Baptist Church en Honolulu, Hawái a la edad de seis años. Hasta hace once años atrás, podría haber predicho lo que iba a suceder en cada servicio de la iglesia. Pero, no más. Ahora las cosas son diferentes. El Señor me ha traído a un lugar donde me lleva a grupos de personas para ayudarlos a moverse de un lugar a otro, para que juntos, seamos transformados de gloria a una gloria cada vez mayor.

¿Está usted cansado de tan sólo otro servicio más de la iglesia? ¡Por favor entiéndame! Yo no niego la influencia de cualquier sermón o servicio de la iglesia en mi vida. A causa de la Palabra de Dios y por las iglesias bautistas, tengo un matrimonio bendecido, una maravillosa familia, incluidos hijos y nietos que aman al Señor. Pero debo preguntar, "¿Está usted listo para más de Dios? ¿Está usted listo para ser cambiado de gloria en gloria?"

¿Qué quiere? Lo reto a orar: "Señor, sacude mi fe para creer lo inesperado. Señor, sacude mi fe. No puedo hacerle frente a la vida sin más de Ti. Señor, sacude mi fe para que pueda tocar Tu presencia manifestada. Señor, quiero ver Tu gloria".

¿Está listo para entrar en la gran aventura, la de encontrar una relación más profunda con el Señor? ¿Usted cree realmente que hay más de Él?

¿Está usted listo para una Excursión al Cielo, atreviéndose a ir adonde Dios quiere que vaya?

Capítulo Dos

Moisés fue un gran hombre de Dios. Él entendió la gloria. En

Egipto, él tuvo el sentir de su llamado. Decidió que iba a rescatar a

los hijos de Israel y a tomar el asunto en sus propias manos. Mató a

un egipcio y se dio cuenta que ahora estaba en serios problemas.

Huyó de Egipto temiendo por su vida. Vivió en el desierto por

cuarenta años, experimentó la zarza ardiente y Dios lo llamó de

regreso a Egipto. Lideró a los Hijos de Israel fuera de Egipto.

Llegaron al Monte Sinaí y subió la montaña para recibir la ley.

Mientras estaba en la montaña, los Hijos de Israel comenzaron una

fiesta y Aarón, no exactamente un líder definido, cayó bajo la presión

del momento, porque Moisés estaba tomando demasiado tiempo en

la montaña. Aarón creó el becerro de oro y los Hijos de Israel

comenzaron a adorarlo.

El Señor entonces le habló a Moisés diciendo:

¡Baja ya de la montaña! Tu pueblo, el que sacaste de la tierra de

Egipto, se ha corrompido. ¡Qué pronto se apartaron de la forma en

que les ordené que vivieran! Fundieron oro y se hicieron un becerro,

y se inclinaron ante él y le ofrecieron sacrificios. Andan diciendo: "Oh

Israel, estos son tus dioses que te sacaron de la tierra de Egipto". Después el Señor dijo: He visto lo terco y rebelde que es este pueblo. (Éxodo 32:7-9)

Esta fue realmente una conversación chistosa. Dios le dijo a Moisés: "Ahora, tu pueblo que sacaste de Egipto ha hecho algo malo." Y Moisés respondió: "No, no se trata de mi pueblo. ¡Ellos son Tu pueblo!" La conversación se puso intensa. Entonces, el Señor respondió a Moisés en el versículo 10: "*Ahora quítate de en medio, para que mi ira feroz pueda encenderse contra ellos y destruirlos. Después, Moisés, haré de ti una gran nación.*" Ahora, ¿qué está haciendo Dios aquí? Él le está diciendo a Moisés: "No me ores. Déjame solo. No me hables de esto porque Yo voy a borrar a esta gente de la faz de la tierra."

Moisés, un hombre de Dios, no estaba contento con dejar las cosas como estaban. Respondió con una oración, y estaba orando como nunca antes el mundo lo había escuchado. Dios y Moisés estaban teniendo este argumento, y Moisés dijo en el versículo 12: *¿Por qué dejar que los egipcios digan: "Su Dios los rescató con la mala intención de matarlos en los montes y borrarlos de la faz de la tierra"? Abandona tu ira feroz; ¡cambia de parecer en cuanto a ese terrible desastre con el que amenazas a tu pueblo!* (Éxodo 32:12)

Moisés argumento con Dios, y dijo, "Dios, no hagas esto porque Tu reputación va a ser arruinada." Y Dios le dijo a Moisés, "Déjame solo, no me ores." Finalmente, Dios respondió la petición de Moisés:

"Suban a la tierra donde fluyen la leche y la miel. Sin embargo, yo no los acompañaré, porque son un pueblo terco y rebelde. Si lo hiciera, seguramente los destruiría en el camino". (Éxodo 33:3)

Moisés condujo a dos y medio millones de personas por sí mismo, y ahora Dios le acababa de enviar un correo electrónico diciendo: "Yo no voy a ir contigo; disfrútalo", y Moisés le dijo: "Señor, si tu presencia no va conmigo, yo no quiero ir." Moisés estaba en una mala posición; estaba pensando, "El Señor me acaba de decir que siga adelante y que vaya, pero que Él no va a ir con nosotros. ¿Dios está hablando en serio? Será mejor que haga algo."

Un día Moisés dijo al Señor: "Tú me has estado diciendo: 'Lleva a este pueblo a la Tierra Prometida'. Pero no me has dicho a quién enviarás conmigo. Me has dicho: 'Yo te conozco por tu nombre y te miro con agrado'. Si es cierto que me miras con buenos ojos, permíteme conocer tus caminos, para que pueda comprenderte más a fondo y siga gozando de tu favor. Y recuerda que esta nación es tu propio pueblo… Entonces Moisés dijo: "Si tú mismo no vienes con nosotros, no nos hagas salir de este lugar." (Éxodo 33:12-13,15)

Moisés había estado orando seriamente, ¡pero no había articulado aún la gran oración! Luego oró lo que yo creo que fuera de la salvación, es una de las más grandes oraciones que uno puede orar. En realidad, él le estaba diciendo a Dios, "Ahora voy por Tu corazón. Voy a poner delante de Ti, Dios, mi argumento final." Entonces, ¿qué dice?

20

¿Listo? *Moisés dijo, "Te suplico que me muestres tu gloriosa presencia." (Éxodo 33:18)*

"¿Muéstrame tu gloria?" ¿Qué significa, "Muéstrame tu gloria"? ¿Por qué es tan importante? Mira lo que Dios dijo en respuesta:

El Señor respondió: "Haré pasar delante de ti toda mi bondad y delante de ti proclamaré mi nombre, Yahveh. Pues tendré misericordia de quien yo quiera y mostraré compasión con quien yo quiera. Sin embargo, no podrás ver directamente

Mi rostro, porque nadie puede verme y seguir con vida." El Señor siguió diciendo: "Párate cerca de mí, sobre esta roca. Cuando pase mi gloriosa presencia, te esconderé en la grieta de la roca y te cubriré con mi mano hasta que yo haya pasado. Después retiraré la mano y dejaré que me veas por detrás; pero no se verá mi rostro." (Éxodo 33:19-23)

Y Moisés fue escondido en la hendidura de piedra y la gloria de Dios paso por delante de él.

El Señor pasó por delante de Moisés proclamando: "¡Yahveh! ¡El Señor! ¡El Dios de compasión y misericordia! Soy lento para enojarme y estoy lleno de amor inagotable y fidelidad. Yo derramo amor inagotable a mil generaciones, y perdono la iniquidad, la rebelión y el pecado. Pero no absuelvo al culpable, sino que extiendo los pecados de los padres sobre sus hijos y sus nietos; toda la familia se ve afectada, hasta los hijos de la tercera y cuarta generación. Al instante Moisés se postró hasta el suelo y adoró. Entonces dijo: — Oh Señor, si de verdad cuento con tu favor, te ruego que nos acompañes en el viaje. Es cierto que el pueblo es terco y rebelde, pero te pido que perdones nuestra iniquidad y nuestros pecados. Tómanos como Tu posesión más preciada". (Éxodo 34:6-9)

Y dijo Dios, ¡Está bien! Iré contigo. ¿Por qué? Porque Moisés dijo: "Muéstrame Tu gloria." La gloria manifiesta de Dios es cuando Su carácter está presente. Una parte importante de Sus atributos es que Él es un Dios que perdona. Él es también un Dios que guarda Su pacto. Moisés le había dicho a Dios: "Tu gloria es la evidencia de quién eres, de lo que haces y de lo que harás. Dios, muéstrame Tu gloria. ¡Demuestra que eres un Dios que perdona!"

Algo más pasó con la gloria en el versículo 29:

Cuando Moisés descendió del monte Sinaí con las dos tablas de piedra grabadas con las condiciones del pacto,[1] no se daba cuenta de que su rostro resplandecía porque había hablado con el Señor. Así que, cuando Aarón y el pueblo de Israel vieron el resplandor del rostro de Moisés, tuvieron miedo de acercarse a él. (Éxodo 34:29-30)

Esa palabra brilló literalmente significa, "disparar", o significa que su rostro era como un rayo láser. Los adolescentes de hoy lo hubieran mirado y le hubiesen dicho, "Eh amigo, bájale", porque todo esa luz láser estaba saliendo de su rostro.

Entonces, ¿qué es la gloria de Dios? La gloria de Dios son Sus atributos y Su carácter. Es Su gloria radiante. Es Su poder. Cuando usted entra en la presencia de Su gloria, y entra en Su presencia radiante manifiesta, algo pasa y usted nunca más será igual.

Después de cuarenta y cinco años de vida, me sorprendí al saber que podía experimentar la gloria de Dios - sorprendido de saber que la experiencia de Moisés no era sólo una historia del Antiguo Testamento, sino una realidad que puede experimentarse hoy. ¿Cómo puede ser que yo estuviera tan sorprendido, especialmente después de vivir una vida cristiana durante todos estos años?

Yo estaba siendo preparado por el Señor para mi Excursión al Cielo.

Capítulo Tres

Aunque mi *Excursión al Cielo* comenzó en 1989, mi vida anterior fue la escuela de preparación, para lo que estaba por venir.

Yo nací en Wellington, Nueva Zelanda. Mi padre estaba haciendo base allí como infante de marina y mi madre era neozelandesa. Vinimos a los Estados Unidos cuando yo tenía catorce meses de edad. Cuando tenía cuatro años, nuestra familia se mudó a Honolulu, Hawái, donde vivimos por tres años. Fue allí, en Hawái, en la Fisrt Baptist Church de Honolulu, que acepté a Jesucristo como mi Salvador a la edad de seis años. Luego nos mudamos a la costa oeste de los Estados Unidos y viajamos de arriba abajo, de costa a costa a medida que mi padre era trasladado de una base a otra. Finalmente nos establecimos en Oceanside, California, donde pasé los siguientes nueve años.

Asistí a la High School Oceanside y me gradué de la High School Twenty Nine Palms, ambas escuelas estaban en el sur de California. Mis padres se mudaron a la zona de Gardenia al Sur de California, y me reuní con ellos después de graduarme de la escuela secundaria. Antes de la universidad, pasé algún tiempo como consejero junior en el Campamento del Rancho de Varones Roble Verde. Asistí a la Universidad de Pepperdine, donde recibí mi licenciatura en historia y en inglés. Después de graduarme de la Universidad de Pepperdine, y de recibir mi credencial de enseñanza secundaria, regresé al Rancho de Varones Roble Verde y serví otro verano, y fue allí donde el Señor vino poderosamente sobre mí. Como bautista, no entendí lo que estaba pasando, pero me metí en esta "neblina" y sentí como si estuviera en un túnel. Me sentí obligado a rendir totalmente mi vida al Señor. Tomé la decisión de que haría lo que el Señor quería que hiciera. Pero, ¿qué era eso?

Después de la universidad, me mudé a Downey, California, y me uní a la First Baptist Church de Downey. Me volví maestro de octavo grado de la escuela pública en Baldwin Park, California. Fue en la First Baptist Church de Downey donde conocí a mi esposa Donna, y comencé a trabajar en el departamento de jóvenes de la iglesia. En el año 1971, me uní al equipo de la First Baptist Church de Downey como pastor de jóvenes de tiempo completo. Allí conocí a Terry Lynn Sweeney (TL), una maestro de la escuela dominical en nuestro departamento. Ella y su esposo más tarde jugarían un papel importante en mi vida.

Mientras era pastor de jóvenes, comencé a sentir que el Señor me estaba llamando a considerar en convertirme en pastor principal. ¡Había una cosa que sabía! Yo no quería volverme pastor. Pero, me inscribí en el seminario y finalmente dije: "Bueno Señor, si quieres que me convierta en pastor, vas a tener que abrir un lugar para que yo hable, para que pueda aprender a hablar en público." Al día siguiente, recibí una llamada telefónica de un campamento en el norte de California pidiéndome que hablara en su campamento de edad primaria. Esto llevó a que hablara en otros campamentos de verano y así comenzó mi ministerio como orador.

Después de graduarme del seminario, finalmente me rendí al Señor y estuve de acuerdo en considerar convertirme en pastor principal. El Señor tomó mi palabra y las invitaciones vinieron. En 1977, nos mudamos a Buhl, Idaho y me convertí en el Pastor de la First Baptist Church de Buhl, donde nuestra familia pasó los siguientes dos años y medio.

En 1980, nos mudamos de regreso al sur de California, donde me convertí en el típico pastor bautista americano en una iglesia de unos 450 miembros. Yo estaba muy emocionado de tener un equipo y programas de iglesia. Los servicios eran muy predecibles. Cada domingo por la mañana, tendríamos la oración, el llamado a la adoración, los himnos del coro y música especial. Predicaría mi sermón y haría la invitación al altar. Luego, por supuesto, iría y me pararía en la puerta central y esperaría a que todo el mundo saliera y me dijera lo maravilloso que estuvo el sermón. Algunas personas saldrían por otras puertas.

Luego, en 1989, después de haber hecho mi doctorado, la gente comenzó a venir y a decirme; "Estoy viendo demonios" o "Estoy escuchando demonios." Bueno, yo creía en los demonios; ellos están en la Biblia. Muchas personas venían a mí así que pensé, "Tal vez necesito hacer una serie de sermones sobre guerra espiritual."

Como pastor, yo sabía que la mejor manera de investigar sobre un nuevo tema es incorporar el tema de estudio en una serie de sermones. Empecé mi investigación sobre esta "nuevo" terreno de la guerra espiritual. Proyecté mi serie de sermones sobre la guerra espiritual y decidí cuánto tiempo iba a llevar terminar la serie, sin saber que el resto de mi vida se vería afectada por esta serie de sermones de seis semanas.

Al mismo tiempo, un varón que había estado en nuestro personal de la iglesia me dio un libro, *Cuando el Espíritu Viene con Poder* de John White. El libro era un resumen de John Wimber y el movimiento de Vineyard. Leí el libro y me quedé muy sorprendido. Yo había oído de John Wimber, el fundador de Vineyeard, y de cómo era un hombre peligroso. Sin embargo, cuando leía el libro, pensé, "Este varón John Wimber suena como un bautista. ¡Él cree en la Biblia y quiere practicar lo que enseña la Biblia!"

Estaba tan impactado por el libro, que decidí que yo quería más del Señor. Y oré esta oración, "Señor, haz conmigo lo que quieras." ¡Esa fue una oración peligrosa! Ciertos eventos comenzaron a tomar lugar que cambiarían mi vida para siempre.

En septiembre de 1989, la iglesia tuvo una serie de tres días sobre esperando en el Señor. Ahora, yo soy una persona muy organizada, y como pastor, siempre he tenido mis sermones, títulos, pasajes y un breve bosquejo con tres a seis meses de anticipación. Los programas de la iglesia se planeaban con un año de antelación. ¡Esperar, no era una de mis características más fuertes! Pero toda la programación no estaba funcionando. No estábamos satisfechos. ¡Queríamos más de Dios! Así, que vinimos y esperamos delante del Señor. Por tres días nos sentamos en la iglesia y esperamos. Sólo esperamos y absolutamente nada pasó; al menos eso es lo que pensamos.

Alrededor de tres semanas en la serie de sermones, una señora llamó y dijo "Precisamente de lo que usted está hablando, ese es mi problema." Ahora, yo he leído suficiente sobre liberación como para saber, que lleva horas, horas y horas hacer cualquier guerra espiritual. Esto fue un jueves por la noche, así que le dije que nos encontraríamos el sábado.

El sábado 7 de octubre de 1989 a la 1:00 pm nos sentamos juntos en la sala de consejería de la iglesia con un solo intercesor. Comencé a orar sin saber realmente qué esperar. Yo había escrito todas las oraciones que había podido encontrar en mis libros y las puse en un protector de plástico, por si acaso ella vomitaba o escupía sobre mis notas.

Oré y no pasó nada. Entonces oré más y no pasó nada. Ore por veinte minutos. No pasó nada. Entonces oré un poco más y de repente, su mano comenzó a temblar y pensé, "Oh, esto es extraño" y luego ella tenía una mirada muy tensa en su rostro. Le pregunté, "¿Qué está pasando?" ella dijo: "Ellos siguen repitiendo todo lo que está usted diciendo."

Miré alrededor de la habitación, y nadie más estaba hablando, así que le pregunté, "¿Quién sigue repitiendo todo lo que yo estoy diciendo?"

"Las voces en mi interior."

"Oh."

De repente, ella empezó a hablar con una voz diferente. Entonces un demonio salió y comenzó a hablar. De repente empezó a tener un recuerdo de haber sido acosada sexualmente alrededor de los tres años. Ahora, yo nunca había visto nada de esto antes. Seguí orando para que el Señor quitara el demonio. El poder de Dios vino sobre ella y el demonio se fue. Luego otro demonio se manifestó. Y oré: "Señor quita este demonio", ¡y se fue! Esta mujer de cincuenta años que había sido tan oprimida, que no había podido venir a la iglesia, le era difícil orar y leer la Biblia, de repente era una persona diferente.

¡Yo estaba sorprendido! Me fui a casa y le dije a Donna, "¡Hicimos contacto!"

Después de ese día, fue como si alguien hubiera puesto un memorándum afuera diciendo "Si usted quiere liberación, venga a esta iglesia." Las personas empezaron a llegar de todas partes. En primer lugar, vinieron las mismas personas de la congregación. Era gente que yo había ministrado por nueve años. Muchos habían sido clientes en el centro de consejería profesional de nuestra iglesia. Sin embargo, muchos de ellos no estaban mejorando. Comencé a orar por ellos, y ahora, después de nueve años, estaban siendo cambiados y eran diferentes. Yo todavía creo en la terapia, y todavía creo que hay personas que necesitan medicación, pero algunas de estas personas habían estado en terapia y algunas no estaban mejorando. Después de que oramos por estas personas, ellos comenzaron a decirle a otra gente y pronto los terapeutas comenzaron a traer a sus clientes para recibir oración.

Un terapeuta vino con un cliente que tenía trastorno de personalidad múltiple (ahora se llama trastorno de identidad disociativo - TID). El cliente tenía varios alternos o personalidades. Yo estaba en la habitación con el terapeuta, el cliente, y otros dos intercesores. Estuvimos hablando con uno de sus alternos y, de repente, el Señor comenzó a hablar por medio de su voz, el Señor dijo, "¿Paul quieres verla que se sane por completo?" Le dije: "Sí, Señor, yo quiero verla que se sane por completo."

30

Ella volvió a su personalidad normal y empezó a repetir todas las oraciones de renuncia que yo había anotado. Eran oraciones de cancelación que estaban en mi lista, que ella nunca había visto antes. Vimos como el Señor comenzó a cancelar, a través de su boca, cada cosa que teníamos en esa lista. Entonces sentí esta electricidad que golpeó mi cabeza y que parpadeaba sobre mí, yo estaba sorprendido. Había sido cristiano desde que tenía seis años, y ya estaba en los cuarenta y cinco años cuando esto ocurrió. Decir que no soy una persona emocional sería subestimar, pero nunca había experimentado nada como esto. Recuerdo hablar con Donna por teléfono. Ella se dio cuenta por mi voz que algo había pasado… la aventura de la Excursión al Cielo había comenzado.

Al día siguiente experimentamos la cosa más increíble en la iglesia. Hubo una aparición, y no era cualquier cosa, era Dios. Una de nuestras secretarias había ido a la habitación donde se había producido la liberación el día anterior. Ella salió y dijo: "Paul, tienes que volver a entrar en esa habitación." Entré y sentí la electricidad que vino sobre mí otra vez. Empecé a tener la impresión de que se suponía que fuéramos al santuario. Fuimos y entramos en lo que sólo podría describir como un río. Caminé hacia atrás y adelante, y era como un río que fluía desde la sala de liberación hasta el área del púlpito. Volvimos a la oficina e invitamos a otros miembros del personal de experimentar esta nueva sensación.

"Tienen que venir y sentir esto", les dijimos.

Ellos preguntaron: "¿Qué es esto?"

"No lo sé, pero creo que es Dios."

En ese momento, yo no sabía cómo llamar a esta sensación, pero ahora me doy cuenta, que era el Río de Dios.

El romance, la batalla, y la aventura han sido intensificadas para la Excursión al Cielo.

Capítulo Cuatro

No pasó mucho tiempo después de esta experiencia, que la iglesia que pastoreaba me invitara a irme. Renuncié a la iglesia y me convertí en el pastor de una nueva iglesia (con la bendición de la iglesia que dejé) en nuestra área y llegué a ser pastor interino de North Park Baptist Church en San Diego. Mis domingos por la mañana realmente comenzaban el sábado por la noche cuando predicaba en la nueva iglesia de Chino Hills, California. El domingo por la mañana a las 7:00 am, yo manejaba a North Park Baptist Church y predicaba los domingos a la mañana y a la noche. Después me iba a La Jolla a la casa de unos amigos, los Pastores Brian y TL Farley. Regularmente pasaba los domingos en la noche, lunes en la noche y los martes en la noche con ellos. Fue durante esos meses de septiembre a diciembre que experimentamos la escuela del Espíritu Santo.

La escuela del Espíritu Santo fue hecha de algunas experiencias interesantes. Una vez estábamos sentados en una habitación y Dios empezó a darnos a Brian y a mí objetos espirituales en nuestras manos. Ahora TL podía ver en el Espíritu y ella comenzó a decirnos lo que teníamos, pero después de un rato, ella nos dijo que tratáramos por nosotros mismos. Así que nos quedamos allí Brian y yo tratando de descifrar, qué era exactamente, lo que Dios había puesto en nuestras manos.

Una vez estábamos sentados en el living cuando comenzamos a sentir un viento moverse a nuestro alrededor. Sentí alas de ángel tocándome suavemente y me quedé muy sorprendido. En ese mismo tiempo, empecé a tener sensaciones extrañas en mi cuerpo. Llamé a TL y le pedí que me dijera lo que estaba viendo en el Espíritu. Ella me dijo que era un demonio que estaba a mi lado. Era el comienzo del entendimiento de que Dios me había dado el don del discernimiento. Yo estaba sintiendo en mi cuerpo la presencia de un demonio. El Señor empezó a entrenarme, para que pudiera decir si había demonios alrededor de las personas o si había demonios en los edificios. Él empezó a decirme donde había ángeles y donde demonios en un edificio. Era capaz de decir donde se sentarían determinadas personas, en que creían y que sentían. Recuerden, yo soy bautista. Estaba sorprendido por todas estas cosas peculiares que me estaban ocurriendo.

Una noche en octubre de 1991, alrededor de las 6:30 p.m., yo estaba en lo de los Farley. Estaba al teléfono con Rob, un amigo mío que trabajaba en un seminario, y empecé a sentir esa misma sensación eléctrica viniendo sobre mi cabeza nuevamente. Esta vez, sin embargo, la sensación eléctrica se hizo más y más intensa. Le dije a Rob, ¡creo que será mejor que me vaya ahora! Yo estaba en la cocina y llegué al pasillo y el poder de Dios me golpeó y me tiró contra la pared. Nadie había orado en lenguas sobre mí, o me había puesto las manos encima. El poder de Dios vino y me venció. Había sido tirado al piso, contra la pared. Era como si estuviera en uno de esos juegos que giran y lo presionan a uno contra la pared del juego. (Dios tiene sentido del humor). Yo estuve presionado contra la pared durante más de una hora y media, y este río de poder vino sobre mí. Fue la experiencia espiritual más increíble que jamás había tenido. Brian estaba en la sala de estar, entró y golpeó la pared de poder y ese mismo poder le empujó con fuerza al piso. Se arrastró hacia mí y oró por mí y me ministró sobre el dolor que había experimentado durante mis luchas en la última iglesia. Oró que fuera obediente a lo que Dios quería que hiciera. Más tarde me di cuenta que, en cualquier momento en el cual escuchaba música de adoración ese mismo poder venía sobre mí. ¡Ahora sé que era la unción asombrosa de nuestro Santo Dios!

Ocasionalmente, me convertí en co-pastor de otra iglesia en el sur de California y después de dos años y medio acepté otra posición pastoral en Apple Valley, California en el alto desierto del sur de California. Durante este período de tiempo, tuve varias experiencias diferentes de la unción de Dios derramándose sobre mí. A menudo me quedaba incapacitado por Su poder. Continué experimentando nuevas áreas de discernimiento según el Señor me enseñó a discernir más y más de Sus seres espirituales creados. Una vez una persona me dijo: "Usted nunca sabrá si está enfermo, debido a toda la actividad espiritual que está pasando en usted todo el tiempo."

Mientras vivía en el alto desierto del sur de California, una nueva unción empezó a golpear mi cabeza. Era como si alguien estuviera poniendo sus nudillos en mi cabeza cada tantos segundos. Ahora, yo soy una persona muy pragmática, así que empecé a tomar el tiempo de los impulsos y determiné que los impulsos en mi cabeza venían cada noventa segundos. Esto se prolongó durante dos o tres días. Pensé: "Ahora, ¿de qué se trata todo esto?" Iba a lo de mis amigos para tratar de investigar lo que el Señor estaba haciendo. La única respuesta realista que recibí fue de TL que simplemente dijo: "Esto es para tu formación." Francamente esta respuesta no me ayudó mucho en mi entendimiento de este extraño fenómeno que estaba teniendo lugar.

Yo había estado pastoreando una pequeña iglesia en el alto desierto de California y tuve una reunión con el grupo de jóvenes en nuestra casa. Fue un miércoles por la noche, después de un par de días de estos impulsos que golpeaban mi cabeza. No muchos jóvenes se presentaron esa noche y me empecé a sentir muy extraño alrededor de una media hora antes de que comenzara el grupo. Sentí como que algo se estaba formando dentro de mí. "Ahora, ¿qué está pasando?" pensé. La presencia de Dios se seguía edificando. A medida que el grupo de jóvenes comenzó, sentí que debía de poner las manos sobre uno de los adolescentes que se encontraba allí y orar por él. Cuando lo hice, me caí hacia atrás y comencé a moverme como un pez. Durante más de treinta minutos, oleadas del poder de Dios entraban por mis pies, pulsando a través de todo mi cuerpo. Cuando finalmente pude tener el control de mí mismo, me di cuenta de que había un adolescente sentado a mi lado, recargándose en la chimenea. ¡Este nuevo creyente fue totalmente vencido por el poder de Dios, y era incapaz de moverse!

Finalmente termine la reunión de jóvenes. Después tenía que llevar a varios de los adolescentes a sus casas, así que subí al auto para llevar a estos chicos a casa cuando me di cuenta de que el poder de Dios todavía estaba moviéndose sobre mí. Trataba de conducir, pero una de mis manos vibraba con tanta violencia que sólo podía aferrarme al volante con una mano. La otra mano y el brazo no dejaban de temblar. Cuando finalmente regrese a casa, una de nuestros intercesores estaba allí. Ella dijo: "¡Ven Espíritu Santo!" Y caí al suelo. ¡BUM!

Estaba empezando a entender que realmente estamos siendo transformados de gloria a una gloria cada vez mayor. Mi viaje acababa de empezar. ¡Unciones más dramáticas estaban viniendo todavía!

Unos años más tarde, me encontraba en la Conferencia Light the Nation en Dallas, Texas con Ed Silvoso de Harvest Evangelism. Cinco mil personas estaban allí para la conferencia. Mi responsabilidad era ministrar en el cuarto de oradores a los que liderarían la conferencia. Cuando estaba ministrando a algunos de ellos, en ese momento pude ver a Sergio Scataglini, uno de los líderes claves en el avivamiento argentino. Él estaba de pie a unos siete metros de distancia de mí. Él y yo nos miramos a los ojos. Él dijo: "¡Hay mucho poder aquí!" Él ni siquiera estaba tocándome. Sentí el poder de Dios golpeándome con fuerza. De repente caí al suelo. Me las arreglé para ponerme de pie y apenas pude moverme a otra habitación, cuando el poder de Dios cayó sobre mí y sobre otro varón que estaba de pie junto a mí. Los dos caímos al suelo. Aquí estábamos, dos hombres tirados en el suelo de una sala de conferencias. Por dos horas no pudimos ponernos de pie, a excepción de una vez, que me paré y salté para atrás como un palo saltarín, por toda la sala de conferencias. Me dije a mí mismo: "¡De aseguro me veo como un tonto!" Sin embargo, ahora no me importaba. Sentí que el Señor simplemente me estaba diciendo: "Confía en mí." Mi respuesta fue: "OK Dios, lo que quieras hacer. Yo no lo entiendo, pero lo que Tú quieras hacer, hazlo. Ya no me importa lo que piense el hombre. ¡Quiero todo lo que Tú tienes para mí!"

¡Había recibido más poder para mi Excursión al Cielo!

Capítulo Cinco

Encontrarse con la unción de Dios y Su gloria es maravilloso. No somos impactados por Su gloria solo para tener una experiencia, aunque desde luego no subestimo el gozo de ¡experimentar a Dios!

El Señor tiene encuentros con nosotros para cambiarnos de "gloria a una gloria mayor." Él nos cambia de gloria en gloria, para que Él pueda empoderarnos, para ser usados en Su Reino. Es Su poder que trabaja a través de nosotros cambiándonos y equipándonos para ministrar con poder.

Todo se trata de Su gloria.

Era esa lección la que iba a aprender luego. Tuve que entender mejor lo que es la gloria de Dios.

Como pastor bautista, he predicado a través del libro de Éxodo. Fue un maravilloso viaje de descubrimiento de las verdades escondidas en este profundo libro. Fue durante esa serie de sermones que llegué a la sección donde Moisés clama: *"Señor, muéstrame Tu gloria."* Me sorprendí por mi reacción. Había algo importante acerca de esa oración. Fue entonces que el Señor me introdujo al discernimiento de los querubines (seres vivos). Mi próxima lección sobre la gloria de Dios estaba por comenzar.

Yo había enseñado sobre la gloria de Dios como pastor bautista. Eran enseñanzas intelectuales. Hice los estudios de la palabra y armé un bonito sermón. Sin embargo, no entendía plenamente que la gloria de Dios no era solo una bonita lección de la Biblia. Él quiere que lo conozcamos.

Yo no había entendido lo que era el "conocimiento". Siempre había asumido, por lo que me enseñaron en el seminario, que el conocimiento de Dios era una actividad del cerebro. Sin embargo, eso no es lo que dice la Palabra de Dios. En el Antiguo Testamento, la palabra hebrea Yada se traduce como "saber". Sin embargo, esto no es un conocimiento intelectual. La palabra en realidad significa "saber" por la experiencia, saber a través de los cinco sentidos naturales. ¡Qué revelación! Cuando le pedí a Dios que me mostrara Su gloria, le estaba diciendo en realidad, quiero conocerte no solo intelectualmente, ¡sino que quiero experimentarte!

¿Qué es la Gloria de Dios?

En el siguiente paso de mi viaje, comencé a discernir una sensación de giro en mi cabeza. Después de preguntarle varias veces al Señor y a otros, empecé a entender que estaba discerniendo querubines. Luego llegó el entendimiento. Los querubines están conectados a la gloria de Dios. ¡Yo necesitaba saber más! Así que, fui a la Biblia e investigué algunos pasajes claves sobre los querubines y la gloria de Dios.

Comencé con Ezequiel 1:

Mientras miraba, vi una gran tormenta que venía del norte empujando una nube enorme que resplandecía con relámpagos y brillaba con una luz radiante. Dentro de la nube había fuego, y en medio del fuego resplandecía algo que parecía como de ámbar reluciente. Del centro de la nube salieron cuatro seres vivientes que parecían humanos, solo que cada uno tenía cuatro caras y cuatro alas. Las piernas eran rectas, y los pies tenían pezuñas como las de un becerro y brillaban como bronce bruñido. Pude ver que, debajo de cada una de las cuatro alas, tenían manos humanas. Así que cada uno de los cuatro seres tenía cuatro caras y cuatro alas. Las alas de cada ser viviente se tocaban con las de los seres que estaban al lado. Cada uno se movía de frente hacia adelante, en la dirección que fuera, sin darse vuelta. Ezequiel 1:4-9

Aprendemos aquí que esos seres vivos, que son llamados querubines en Ezequiel 10, cada uno tiene cuatro alas. Hay cuatro de ellos, con cuatro alas cada uno. ¡Era el giro de las cuatro cabezas lo que estaba discerniendo en mi cabeza!

Cada uno tenía cara humana por delante, cara de león a la derecha, cara de buey a la izquierda, y cara de águila por detrás. Cada uno tenía dos pares de alas extendidas: un par se tocaba con las alas de los seres vivientes a cada lado, y el otro par le cubría el cuerpo. Los seres iban en la dirección que indicara el espíritu y se movían de frente hacia delante, en la dirección que fuera, sin darse vuelta. Los seres vivientes parecían carbones encendidos o antorchas brillantes, y daba la impresión de que entre ellos destellaban relámpagos. Y los seres vivientes se desplazaban velozmente de un lado a otro como centellas. Mientras miraba a esos seres vivientes, vi junto a ellos cuatro ruedas que tocaban el suelo; a cada uno le correspondía una rueda. Las ruedas brillaban como si fueran de berilo. Las cuatro ruedas se parecían y estaban hechas de la misma manera; dentro de cada rueda había otra rueda, que giraba en forma transversal. Los seres podían avanzar de frente en cualquiera de las cuatro direcciones, sin girar mientras se movían. Ezequiel 1:10-17

En medio de esas criaturas vivientes ahí un movimiento de fuego. Creo que este fuego es un tipo de unción que viene sobre nosotros (ver Ezequiel 10). La unción está en el fuego; el fuego está alrededor de las criaturas vivientes y el fuego se está moviendo hacia atrás y hacia adelante entre los cuatro querubines.

Y los seres vivientes se desplazaban velozmente de un lado a otro como centellas. Mientras miraba a esos seres vivientes, vi junto a ellos cuatro ruedas que tocaban el suelo; a cada uno le correspondía una rueda. Las ruedas brillaban como si fueran de berilo. Las cuatro ruedas se parecían y estaban hechas de la misma manera; dentro de cada rueda había otra rueda, que giraba en forma transversal. Los seres podían avanzar de frente en cualquiera de las cuatro direcciones, sin girar mientras se movían. Los aros de las cuatro ruedas eran altos y aterradores, y estaban cubiertos de ojos alrededor. Ezequiel 1:14-18

Dios me ha estado revelando este mensaje por años. En Argentina hablé sobre los querubines, y un varón le pidió al Señor: "Muéstrame un ser viviente." ¿Sabe lo que vio? Vio un ojo gigante. Con esta observación, ganamos una pequeña comprensión de qué tan grande deben de ser esas criaturas vivientes. Todo lo que podía ver era un ojo llenando toda su visión. Se nos ha dicho que las ruedas de los querubines son altas e impresionantes, y que cada una de sus ruedas está llena de ojos alrededor. ¡Uno no mira a la rueda de un automóvil y dice que hermosa que es! ¡Esta rueda debe de ser "realmente grande"! Si el tamaño de la rueda es grande y cada ojo es del tamaño de una persona, ¡entonces los seres vivos deben ser gigantescos!

Cuando los seres vivientes se movían, las ruedas se movían con ellos. Cuando volaban hacia arriba, las ruedas también subían. El espíritu de los seres vivientes estaba en las ruedas. Así que a donde fuera el espíritu, iban también las ruedas y los seres vivientes. Cuando los seres se movían, las ruedas se movían. Cuando los seres se detenían, las ruedas se detenían. Cuando los seres volaban hacia arriba, las ruedas se elevaban, porque el espíritu de los seres vivientes estaba en las ruedas. Por encima de ellos se extendía una superficie semejante al cielo, reluciente como el cristal. Ezequiel 1:19-22

El mar que está por encima de los cuatro seres vivientes, es el gran mar de vidrio, el mismo mar que leímos en Apocalipsis. Observe que las Escrituras no dicen que es una "laguna" o un "lago" de vidrio. ¡Sino que dice que es un "mar" de cristal! ¡Un mar es enorme! Usted no puede ver todo el mar desde un extremo al otro. El tamaño de todo esto está más allá de nuestra comprensión.

Por debajo de esa superficie, dos alas de cada ser viviente se extendían para tocar las alas de los otros, y cada uno tenía otras dos alas que le cubrían el cuerpo. Cuando volaban, el ruido de las alas me sonaba como olas que rompen contra la costa o la voz del Todopoderoso o los gritos de un potente ejército. Cuando se detuvieron, bajaron las alas. Mientras permanecían de pie con las alas bajas, se oyó una voz más allá de la superficie de cristal que estaba encima de ellos. Sobre esta superficie había algo semejante a un trono hecho de lapislázuli. En ese trono, en lo más alto, había una figura con apariencia de hombre. De lo que parecía ser su cintura para arriba, tenía aspecto de ámbar reluciente, titilante como el fuego; y de la cintura para abajo, parecía una llama encendida resplandeciente. Lo rodeaba un halo luminoso, como el arco iris que brilla entre las nubes en un día de lluvia. Así se me presentó la GLORIA DEL SEÑOR. Cuando la vi, caí con rostro en tierra, y oí la voz de alguien que me hablaba. Ezequiel 1:23-28

Hay cuatro seres vivientes, la extensión y el mar de vidrio. En el mar de vidrio está el trono de Dios. Jesús está sentado allí. Es el asiento de Su gloria. La gloria está allí, y Su belleza radiante. ¡Qué magnificente debe ser esa gloria! El trono de Dios está hecho de zafiro. Un hombre me dijo que una piedra de zafiro puede magnificar la luz doce veces. ¡Qué asombrosa imagen! La misma gloria de Dios, más magnificente de lo que podemos imaginar, ¡es magnificada doce veces!

Entonces el Señor le habló al hombre vestido de lino y le dijo: "métete entre las ruedas que giran debajo de los querubines, toma un puñado de carbones encendidos y espárcelos sobre la ciudad." Así que el hombre lo hizo mientras yo observaba.

¿Ha experimentado la gloria? Él quiere que nosotros experimentamos Su gloria, y no que solo la entendamos intelectualmente. Cuando permanecemos en Su presencia, somos superados por Su poder. Comenzamos a comprender que el caminar cristiano no es sólo el conocimiento de la Biblia que va creciendo (¡aunque esto es importante!). ¡La vida cristiana es el rendirse uno mismo ante Su gloria, Su poder y Su presencia! Porque cuando permanecemos en Su gloria, Él es capaz de moverse en nosotros y en nuestro mundo. El apóstol Pablo entendió esto. A pesar de que escribió gran parte del Nuevo Testamento y era capaz de comunicar las profundidades del Reino de Dios, él no quería que su vida fuera solamente una vida comunicando verdades. Él quería ver la

45

demostración del poder de Dios en su vida. Aquí están sus palabras en 1 Corintios 2:4: *Y mi mensaje y mi predicación fueron muy sencillos. En lugar de usar discursos ingeniosos y persuasivos, confié solamente en el poder del Espíritu Santo.*

"¡Una demostración del poder del Espíritu!" ¡Esto es exactamente lo que Moisés quería! Él no iba a seguir liderando a los hijos de Israel sin que la presencia de Dios viniera con él. Es por eso que Moisés le dijo al Señor: "¡Dios, muéstrame Tu gloria!"

Algo que nos pasa cuando nos encontramos cara a cara con la gloria de Dios. Tenemos una experiencia con Dios. ¡Es maravilloso! ¡Es abrumador! Es más de lo que nunca esperamos. Pero, el encuentro no es "sólo" para tener una experiencia. Él quiere cambiarnos. Hay un "movimiento" en nosotros después de encontrarnos con Su gloria.

Este es el corazón del pasaje después de que tenemos la descripción de la gloria de Dios en Ezequiel. "Levántate, hijo de hombre —dijo la voz—, quiero hablarte. El Espíritu entró en mí mientras me hablaba y me puso de pie. Entonces escuché atentamente sus palabras." Ezequiel 2:1-2

Luego el Espíritu me levantó y me llevó a la entrada oriental del templo del Señor… Ezequiel 11:1

Al entrar en contacto con la gloria de Dios, habrá movimiento. La gente no puede ser la misma otra vez cuando la gloria de Dios entra en su presencia, porque habrá movimiento. El Señor los tomará, y los moverá. Ahora el problema es que la gente dice: "No, yo no voy a ser movido." Y Dios dice: "Yo honraré tu petición." Así que todas sus vidas están atrapadas en la misma rutina. Él dice: "¿No sabes que Yo siempre me estoy moviendo? ¿No sabes que Yo soy un Dios que verdaderamente nunca cambia y que siempre me estoy moviendo? Yo siempre estoy haciendo algo nuevo. Siempre estoy en una nueva aventura. Yo estoy siempre en aquello que no es aburrido y rutinario."

Él siempre nos moverá del lugar en que estamos adonde tenemos que estar.

Siempre habrá un movimiento constante en nuestra Excursión al Cielo...

Capítulo Seis

Dios nos está llamando a todos nosotros a estar en movimiento con Él. Puede que a usted no le guste; que ponga su pie firme y diga: "Yo no me muevo." Es su decisión. O usted puede decidir, "¡Ya es suficiente! no voy a conformarme más con una vida cristiana rutinaria. O usted puede elegir decir: "Señor, muéstrame Tu gloria." Después de todo, ¿usted quiere quedarse donde está ahora? ¡Yo no! Mi esposa y yo tomamos esta decisión hace mucho tiempo. "¡Nosotros queremos todo!" ¡Otros también han tomado el compromiso de ir por más!

Mi experiencia en Washington DC reforzó mi creencia de que hay personas en la iglesia que están desesperadas por más de Dios. Me habían invitado al Edificio Nacional de Prensa para hablar con un grupo de políticos y líderes. El pastor habló conmigo cuidadosamente: "Paul, ellos no saben sobre esta cosa de la liberación, y no conocen sobre el poder de Dios, pero haz lo que quieras hacer." "Pero… pero… pero no…" la entonación fue: "No arruines lo que estamos tratando de construir aquí." Entonces pensé: "Señor, ¿por qué me trajiste aquí?" Entré en una de las salas de juntas de gran envergadura de Washington DC. Mientras me senté en la sala, algunas personas entraron y se sentaron alrededor de la mesa de

48

reuniones. Decidí enseñar brevemente sobre la bendición y la maldición en la línea generacional. No fue muy bien. Un hombre, sentado a mi derecha, empezó a protestar enérgicamente diciendo que las maldiciones en la línea generacional no eran algo bíblico y ciertamente que no era relevante para la vida cristiana. A medida que aumentaba la tensión, un amigo mío intervino y cortó la conversación. Al final de la reunión este mismo hombre me pidió que orara por algunos problemas en su línea generacional, ¡ya que estaba viendo la victoria en su vida!

Frustrado porque no tuve una dirección clara para la reunión, simplemente le dije al grupo, "Ok, ¿qué quieren? ¿Qué quieren? "Un hombre escocés que estaba a mi lado izquierdo dijo: "Lo quiero todo." Yo pensé, "¡Aquí vamos!" La poderosa gloria del Señor cayó. No pudimos hablar más. Su presencia vino. Las personas se caían por todas partes.

Todo se reduce a una sola pregunta: ¿Usted lo quiere todo? ¿Quiere todo lo que Dios tiene para usted? Hay un mover, y el movimiento da miedo, por eso la gente le pone etiquetas a esos movimientos. ¿Lo ha notado? Las personas etiquetan los movimientos. Bueno, ya no me preocupo más por las etiquetas. Quiero a Dios; quiero lo que dice la Palabra; quiero ver a las personas sanadas, liberadas y cambiadas.

Nos guste o no, el poder de Dios está llegando. Se extiende por todo el mundo. He estado en Argentina, Inglaterra, Suiza, Alemania y en muchas partes de América del Norte. El poder de Dios está siendo soltado y la mayor parte del poder le está llegando a las personas que ya no están en la iglesia institucional, porque están desesperadamente hambrientas. Es tiempo de que Su poder venga a la iglesia institucional.

Hay un mover, pero no sólo un movimiento. Hay un mensaje. Mire Ezequiel 2 de nuevo, donde Ezequiel es levantado,

Luego miré y vi que se me acercaba una mano que sostenía un rollo, el cual él abrió. Entonces vi que estaba escrito en ambos lados con cantos fúnebres, lamentos y declaraciones de condena. La voz me dijo: "Hijo de hombre, come lo que te doy, ¡cómete este rollo! Luego ve y transmite el mensaje a los israelitas." Ezequiel 2:9-3:1

Después de que hay un movimiento, un mensaje nos es dado. El mensaje no es para ser dado solo a aquellos que están en lo que llamamos el "ministerio de tiempo completo." ¡Cada uno de nosotros está en el ministerio de tiempo completo! Algunos de ustedes quizás no trabajan como empleados en una iglesia, pero usted está en el ministerio de tiempo completo y el Señor se está preparando para darle un mensaje el cual usted va a soltar en su escuela, su lugar de trabajo, su casa, su barrio, y su mundo.

El Señor liberará mensajes en los lugares más inesperados. No puedo decirle cuántas veces voy a un restaurante y los ángeles se aparecen y traen mensajes. Una vez, estaba en Minneapolis, Minnesota, con un grupo de personas en un restaurante mexicano. Estábamos disfrutando de estar juntos, sentados allí comiendo tacos y enchiladas y Dios se manifestó. Una mujer en la mesa dijo: "Usted tiene que orar por mí", así que otra persona comenzó a orar por liberación para ella. Ahí estoy sentado disfrutando de mi comida, sabiendo que tengo que tomar un avión en pocos minutos. A medida que la liberación estaba tomando lugar, el poder de Dios comienza a manifestarse en la mesa. Nuestro mesero se acercó y cuando estaba allí de pie, comenzó a balancearse hacia adelante y hacia atrás. Lo primero que salió de su boca fue: "Tengo que volver a la iglesia", y comenzó a llorar. La presencia del Señor estaba cargada y había cambiado la atmósfera alrededor de la zona de nuestra mesa.

Eso es lo que va a suceder. Esto es lo que ya está sucediendo. Yo veo que esto está pasando más y más. Va a ser muy emocionante. Todo el mundo va a estar hablando de Jesús. Tenemos que tener fe para creer esto. Esto es verdad. Su gloria está viniendo. El poder de Dios va a venir y va a dominar a la gente. Él va a empezar a sanar a la gente en las escuelas y ciudades, y van a decir: "¿qué me pasó?" Su respuesta será: "Esto es Dios" La gente va a responder: "Bueno, entonces cuénteme sobre Él." Usted va a tener el gran privilegio de compartir el Evangelio de Jesucristo. ¿Puede verlo? Cuando llega la gloria, hay movimiento y hay un mensaje.

Ya he indicado el tercer paso. Hay un ministerio. Miremos este versículo de nuevo. *"… luego ve y transmite el mensaje a los israelitas."* *Ezequiel 3:1*

¡Hay un ministerio! Cuando llega la gloria, usted es sorprendido; se le van a caer las medias a causa del poder. Esto no se detiene allí, porque el propósito del poder es que sus ojos se enfoquen en la gloria, y que usted diga: "Señor, lo que quieras, yo quiero conocerte." Él responde: "Entra dentro de los misterios del Reino", y Él comienza a darle información. Él le da un mensaje y un ministerio. Todo esto es por Su poder. Usted no necesita ir a ningún seminario para esto. Usted no necesita ir a ningún entrenamiento para esto. Sólo tiene que aprender a escuchar y a obedecer. Ahí es donde Él nos está llevando en el futuro, dentro de la próxima gran aventura y aún más allá.

Para ir audazmente a donde Dios quiere que vayamos…

Capítulo Siete

Hace algún tiempo, en la revista cristiana *Christianity Today*, había una pequeña viñeta que formaba parte de una colección de frases en una sola página. Al leer un párrafo, me sorprendí. Este extracto fue tomado del libro escrito por Annie Dillard. Ella escribió: "¿Por qué es que venimos a la iglesia como si fuéramos niños jugando con un equipo de química? ¿No deberíamos ir a la iglesia con cascos y cinturones de seguridad, porque tal vez un día el Dios del universo podría venir y visitar Su iglesia?" Nunca he olvidado sus palabras, porque expresan una preocupación muy válida en cuanto a la forma en que muchos de nosotros estamos acostumbrados a ver la iglesia. Una vez más, puedo decir que las cosas han cambiado para mí, porque Dios ha alterado seriamente mi percepción de cómo debemos ir a Él y como experimentarlo en la iglesia.

Donna y yo estábamos en una conferencia en Mar de Plata, Argentina. Muchas iglesias pequeñas se habían juntado como si fueran una sola gran iglesia. Era una situación inusual porque los pastores de la ciudad trabajaban juntos para construir el Reino de Dios, no sólo para su propia iglesia local. Habíamos intentado permanecer en la parte de atrás, pero Ed Silvoso insistió con que nos sentáramos en la primera fila. Estábamos en un auditorio casi lleno con capacidad para 1500 personas, Cindy Jacobs estaba en la plataforma y estaba tomando la ofrenda. Allí estaba yo, concentrado y pensando en mis cosas, cuando Cindy se acercó y se sentó entre su esposo Mike y yo. La miré y le dije: "Cindy, hay un horno en tu cabeza." Ella me miró como si yo me hubiera tomado varios tragos, me respondió con una expresión divertida, y se alejó como si yo no hubiera dicho nada. Ella probablemente pensó, "Pobre Paul, realmente está perdido."

Mientras tanto, yo estaba tratando de prestar atención al orador, pero todo el tiempo estaba pensando, "¿Qué es esto? Esto es algo nuevo. No sé lo que es esto." Podía sentir el horno en mi cabeza. La sensación en mi cabeza era como de un gran horno con el aire caliente subiendo.

Después de que terminó el servicio, estaba hablando con un amigo nuestro que tiene un tremendo discerniendo y le dije, "Creo que siento un horno. ¿Sabes lo que es eso?" Él respondió: "¡Lo vi! ¡Lo vi! Estaba justo en frente del auditorio. Era un horno muy grande." Y pensé: "Bueno, eso es interesante, pero ¿ahora qué?" Para mí, el discernimiento no viene con un manual de instrucciones. Iba a tener que esperar para una mayor comprensión.

Después de un tiempo, estaba en una pequeña iglesia en el norte de California ministrando en un seminario por el fin de semana. La asistencia aumentó a cuarenta la noche del viernes, y yo sentado allí sintiendo de nuevo el horno. Me puse de pie y dije las palabras aterradoras para un pastor, "No sé lo que voy a hacer. Creo que Dios quiere que aprendamos algo nuevo." Sin saber qué más hacer, dije: "Creo que supone que todos estemos de pie." Así que los cuarenta nos pusimos de pie. Yo estaba escuchando al Señor, tratando de entender lo que estaba pasando. Me volví a mirar al pastor, que estaba parado a mi derecha, cuando de repente cayó al piso y comenzó a temblar. Pensé, "Bueno, esto es interesante". Pronto la gente comenzó a caer por todas partes. Luego, yo también caí al suelo. Trate de visualizar esto. Cuando caí, mi cara estaba justo al lado de la cara del pastor. Mientras estaba allí temblando le dije, "Este es un lindo problema. Los dos que están a cargo de esta reunión están en el suelo y no nos podemos levantar." Al mirar alrededor a todos los demás en el suelo, discerní seres demoníacos yéndose. "El Señor ha venido y está haciendo una liberación soberana en la gente", le dije. El Señor había comenzado una nueva aventura en mi vida. Había empezado a hacer liberaciones en grupo.

La siguiente parte de esta experiencia del "horno" tuvo lugar durante un viaje ministerial a Suiza. Un orador invitado de África estaba programado para predicar el último domingo a la mañana que yo estaba allí, pero no pudo venir. Un amigo mío iba a ocupar su lugar, pero cuando estábamos desayunando, se volvió hacia mí y me preguntó: "¿Tienes algo para esta mañana?" Al principio no creí que tuviera nada, pero inmediatamente el impresionante poder de Dios cayó sobre los dos y le dije: "Oh, creo que tengo algo." Fuimos a la iglesia, pero todavía no sabíamos lo que estaba sucediendo. De repente, Dios comenzó a darme un sermón. Primero, Él me recordó algunas cosas que yo había estudiado con anterioridad y luego, empezó a darme material nuevo. Ahora, entienda que yo soy del tipo de persona que suele pasar hasta veinticinco horas a la semana leyendo todos los comentarios para un sermón. Ahora, el Espíritu Santo estaba descargando información tan rápido como yo podía escribir. Todo tenía que ver con Malaquías 3 y 4. Yo creo que ahora estamos viviendo los días descritos allí.

Mientras enseñaba sobre Malaquías 3 y 4, olas del Espíritu Santo comenzaron a caer sobre nosotros. Cuando concluí, la gloriosa presencia del Señor cayó otra vez, el Señor inició una liberación en grupo. Muchos fueron liberados de ataduras generacionales.

Mire lo revelado en Malaquías.

¡Miren! Yo envío a mi mensajero y él preparará el camino delante de mí. Entonces el Señor al que ustedes buscan vendrá de repente a su templo. El mensajero del pacto a quien buscan con tanto entusiasmo, sin duda vendrá, dice el Señor de los Ejércitos Celestiales. "Pero ¿quién será capaz de soportar su venida? ¿Quién podrá mantenerse de pie y estar cara a cara con él cuando aparezca?" Malaquías 3:1-2a

Este pasaje nos dice que el Señor vendrá con un nuevo pacto. Aquel que estableció el antiguo pacto vendría súbitamente a Su templo. Él es el quien también ha establecido el Nuevo Pacto. Este vendrá a Su nuevo templo y nosotros somos Su templo.

"¿Quién podrá soportar el tiempo de Su venida?" Debo admitir que como pastor bautista lo único que la gente tuvo que soportar fue mi sermón. Nosotros nos sabíamos nada de soportar el día de Su venida. La razón por la que necesitamos "cinturones de seguridad y cascos" se debe a que cuando Él venga, ¿quién podrá soportar todo eso?

"Pues él será como un fuego abrasador que refina el metal o como un jabón fuerte que blanquea la ropa. Se sentará como un refinador de plata y quemará la escoria. Purificará a los levitas, refinándolos como el oro y la plata, para que vuelvan a ofrecer sacrificios aceptables al Señor. Nuevamente el Señor recibirá las ofrendas que el pueblo de Judá y Jerusalén le lleven, como lo hizo en el pasado. En ese día, yo los pondré a juicio. Estoy ansioso por dar testimonio contra todos los hechiceros, los adúlteros y los mentirosos. Declararé en contra de los que estafan a sus empleados con sus sueldos, de los que oprimen a viudas y huérfanos o privan de justicia a los extranjeros que viven entre ustedes, porque gente que hace estas cosas no me teme", dice el Señor de los Ejércitos Celestiales.

Un llamado al arrepentimiento: "Yo soy el Señor y no cambio. Por eso ustedes, descendientes de Jacob, aún no han sido destruidos.

Desde los días de sus antepasados, han despreciado mis decretos y los han desobedecido. Ahora, vuelvan a mí y yo volveré a ustedes", dice el Señor de los Ejércitos Celestiales.

Pero ustedes preguntan: "¿Cómo podemos volver cuando nunca nos fuimos?". Malaquías 3:2b-7

Somos sacerdotes del Dios Altísimo (1 Pedro 2: 9). Él nos purificará en el fuego de su refinería, el fogón de Dios (algunas traducciones dicen incluso que el horno de Dios). Y, mientras lo hace, las cuestiones en nuestras líneas generacionales en lo que respecta a la brujería, el adulterio, el perjurio, la explotación de los demás y el rechazo de los incrédulos, serán quemadas. ¿No es interesante que en la Biblia dice en Isaías que atravesaremos el fuego y el fuego no nos quemará? No seremos consumidos, pero todos los pecados generacionales serán extinguidos.

Continuando con Malaquías 3: 13-14, "Ustedes han dicho cosas terribles acerca de mí", dice el Señor. Sin embargo, ustedes preguntan: "¿Qué quieres decir? ¿Qué hemos dicho contra ti?". Ustedes han dicho: "¿De qué vale servir a Dios? ¿Qué hemos ganado con obedecer sus mandamientos o demostrarle al Señor de los Ejércitos Celestiales que nos sentimos apenados por nuestros pecados?"

Ahora, para ser honesto. ¿No ha cruzado nuestras mentes ese pensamiento alguna vez? ¿No nos hemos preguntado a veces si realmente vale la pena servir a Dios? Ahora estamos viviendo en los días en los cuales estamos viendo un mayor interés en el don de sanidad, aun cuando oramos, todavía tenemos gente muriendo. Estamos viendo algunas chispas y lugares de fuego, pero a menudo cuando oramos, no vemos que suceda nada. Oramos por nuestros matrimonios; oramos por nuestras familias; oramos por nuestras situaciones de trabajo; oramos por nuestros ministerios y nuestras iglesias; oramos por muchas cosas, y nos preguntamos: "¿De qué ha servido que oremos por todas esas situaciones?" Nos preguntamos, "¿Para qué? Paso un gran tiempo en la iglesia, pero luego me voy a casa y soy miserable." Y comenzamos a pensar: "Los pecadores al menos no son tan miserables como nosotros. Están afuera divirtiéndose. Nosotros tenemos que ser espirituales en la iglesia y sin embargo somos miserables. Sí, ellos sin dudas se están divirtiendo más que nosotros, y no se sienten culpables."

Así que ahora, llamamos a los soberbios bendecidos y a los que son malvados los levantamos. Pensamos que incluso aun cuando tientan a Dios, se van libres. Nuestra sociedad promueve celebridades y por lo general no importa lo que ellos creen o lo que hacen. Los medios de comunicación "los elevan" y proclaman que no les importa lo que hacen o lo que dicen. Así que sí, los soberbios son bendecidos en la sociedad actual. Sin embargo, ¡hay buenas noticias!

El versículo dieciséis de Malaquías 3 me hizo llorar cuando finalmente me di cuenta de algo. "Entonces los que temían al Señor hablaron entre sí y el Señor escuchó lo que dijeron." ¿No es esto grandioso? Aquí hay otra categoría de personas, y espero que nosotros nos encontremos en esa categoría, aquellos que temen a Dios. Vemos que un libro de memorias fue escrito ante Él, puso sus nombres en este libro y dijo: "Estas son las personas que no han renunciado a mí, los que meditan en Mi nombre. Ellos no se dieron por vencidos." Estas personas de fe, como Abraham, creyeron a pesar de que no vieron todo el cumplimiento de las promesas de Dios. Estas son las personas increíbles que confiaron a pesar de que nunca tuvieron una razón para confiar en la gente de fe.

"Y serán para mí especial tesoro, ha dicho Jehová de los ejércitos" (otras traducciones dicen mis joyas), y los perdonaré, como el hombre que perdona a su hijo que le sirve. (Verso 17)

¿Qué es lo que Él está diciendo? Estas personas son tan especiales para mí que son como joyas. Él mira hacia abajo y ve los nombres de estas personas en el libro de las memorias y dice: "Ahora me acuerdo." Él siempre está recordando nuestros nombres.

Este es un pasaje que en realidad nunca había visto, incluso después de más de diez años de operar en el don del discernimiento. En Malaquías 3:18 mire lo que pasa el día que viene el fuego. "*Entonces de nuevo podrán ver la diferencia entre los justos y los perversos, entre los que sirven a Dios y los que no lo hacen*". Usted comenzará a discernir entre el bien y el mal, entre el que sirve a Dios y el que no lo hace. En otras palabras, en estos últimos días el don de discernimiento será derramado sobre la tierra.

Somos libres durante nuestra Excursión al Cielo.

Capítulo Ocho

Hay siete indicadores de los últimos días que figuran en Malaquías 4.

El Señor de los Ejércitos Celestiales dice: "El día del juicio se acerca, ardiente como un horno. En aquel día el arrogante y el perverso serán quemados como paja. Serán consumidos, desde las raíces hasta las ramas. Sin embargo, para ustedes que temen mi nombre, se levantará el Sol de Justicia con sanidad en sus alas. Saldrán libres, saltando de alegría como becerros sueltos en medio de los pastos. El día en que yo actúe, ustedes pisotearán a los perversos como si fueran polvo debajo de sus pies", dice el Señor de los Ejércitos Celestiales. Acuérdense de obedecer la ley de Moisés, mi servidor, todos los decretos y ordenanzas que le entregué en el monte Sinaí para todo Israel. Miren, les envío al profeta Elías antes de que llegue el gran y terrible día del Señor. Sus predicaciones harán volver el corazón de los padres hacia sus hijos y el corazón de los hijos hacia sus padres. De lo contrario, vendré y haré caer una maldición sobre la tierra."

Creo que estos siete indicadores ya se han cumplido. Si eso es así, entonces debemos estar en los últimos días. El primer indicador de los últimos días es que viene un día, que arderá como un horno, y todos los soberbios serán como la paja. ¿Quiénes son los orgullosos? Creo que esto es el demonio generacional. ¿Qué será lo que se quemará? ¿La escritura dice que se quemarán las raíces y las ramas? ¿Cuáles son las raíces y las ramas? Son las partes del sistema del mal que el enemigo ha construido en la línea familiar que han llegado hasta nosotros. ¿Qué va a ser quemado? Todos los soberbios y los que hacen maldad. ¿Qué les pasara a ellos? Serán paja y no quedará ni una raíz o rama. El horno está llegando a quemar la maldad en el árbol familiar, que son las ramas de maldad y las raíces que van por todo el camino hacia atrás a través de las generaciones.

Este horno, o fogón, ahora ha aparecido en nuestras reuniones muchas veces desde que lo discerní en aquella conferencia en Argentina. Cuando esto sucede, puedo sentir el horno, y otros también confirman su presencia con sus propios dones de discernimiento. En esos momentos, después de pedirle al Señor que libere Su fuego y que queme todo el mal en nuestras líneas generacionales, hago que la gente camine a través del horno para experimentar este fuego de Dios.

En una de esas reuniones, había una esposa de pastor, (¡la esposa de un pastor bautista nada más y nada menos!) que me dijo: "Yo le estaba hablando al Señor sobre usted." Y pensé, "Oh, aquí viene" Pero, continuó, "El Señor te dice Paul, que Él te ha dado una unción para llevar el fuego que quemará las raíces y las ramas." Le di las gracias y le dije: "Usted no sabe lo que esto significa, porque a veces me pregunto si algo sucede cuando hago esto."

¿Quién lleva el horno? A medida que discernía el horno, me di cuenta de que es el Ángel del Señor el que lo trae. En Éxodo 3:2 dice, "Allí el ángel del Señor se le apareció en un fuego ardiente, en medio de una zarza. Moisés se quedó mirando lleno de asombro porque, aunque la zarza estaba envuelta en llamas, no se consumía."

El segundo indicador de los últimos días es "que para los que temen Su nombre, el Sol de justicia se levantará con sanidad en Sus alas. Se presume que el Sol de Justicia es Jesús. El Señor me iba a sorprender otra vez desentrañando la interpretación de esta frase.

Este viaje de descubrimiento sobre discernir el Sol de Justicia comenzó en Belfast, Irlanda. Yo me estaba tomando un día libre de ministrar y mi anfitrión, Richard Tracey, me había invitado a ir con él a la iglesia donde sirvió San Patricio por primera vez. La iglesia se encontraba en la propiedad original donde él había establecido primeramente su ministerio en Irlanda. Cuando entramos en el pequeño edificio de piedra, me di cuenta de que había asientos para menos de 100 personas. Caminé hasta al frente del centro de la iglesia y de repente sentí una oleada de energía fluyendo hacia arriba. Invité a los otros seis que se habían unido a nosotros para esta expedición a venir y pararse en el fluir de este tipo de "manantial". Era como si estuviéramos recibiendo una unción desde el piso. Una unción de poder estaba siendo soltada en nosotros. Como usted sabe, San Patricio operó en muchos dones de milagros, incluyendo el don de sanidad. Al salir de esa iglesia, me pregunté qué había pasado. Fue en nuestra próxima parada ministerial en Austria que la revelación vino.

Estábamos haciendo un seminario en Austria cuando una de nuestras internas vino en uno de los intervalos y dijo, "Paul, hay un ángel aquí con sanidad en sus alas." Pensé: "Eso lo he leído en alguna parte. ¿Dónde está eso? Sé que he leído eso en alguna parte." Así que saqué mi concordancia y allí estaba en Malaquías 4. Luego, ella continuó: "Y la cabeza del ángel está subiendo más allá del techo." Esto fue impresionante, sobre todo teniendo en cuenta el hecho de que estábamos en el segundo piso. Esto significaba que el ángel tendría que haber sido al menos de veinte a veinticinco pies de altura. Extendí mi mano y por supuesto, era un ángel, y pude discernir la sanidad. Sin embargo, no se me ocurrió en esa hora de que un ángel pudiera traer sanidad. Fue en este punto que llegó la nueva revelación. Ese no era un ángel, sino un ser llamado el Sol de Justicia, un ser que trae sanidad. Entonces comprendí que todo lo que yo había recibido en Belfast estaba relacionado con la liberación de discernimiento sobre el "Sol de Justicia."

Ponga atención en la frase, "el Sol de justicia se levantará con sanidad en sus alas." Yo necesitaba entender exactamente lo que significaba esa frase. Llamé a mi amigo, el Dr. Tom Hawkins. Tom tiene un doctorado en estudios bíblicos del Seminario Teológico de Dallas, donde tuvo que aprender griego, hebreo, francés y alemán, así como inglés y tuvo que tomar el examen de competencia en todos estos idiomas. También conoce su Biblia. Le consulté porque no quería comunicar algo que no era cierto. Nuestra conversación reveló algo que era nuevo para mí. En el hebreo, el artículo no es masculino sino femenino. Por lo tanto, el Sol de Justicia no puede referirse al Señor. El Sol de justicia no es un él, ¡sino ella! Por lo tanto, el Sol de justicia es un ser espiritual femenino que tiene sanidad en sus alas.

Al tercer indicador le siguió a un período en el que nosotros estábamos siendo sanados física, espiritual, mental y emocionalmente. Después de que esto tuviera lugar, salimos y saltamos como becerros soltados del corral. Eso significa que fuimos liberados y que estamos brincando alegremente alrededor en total libertad.

El cuarto indicador es que deberemos pisotear a los malvados. En otras palabras, vamos a tomar represalias y a poner al enemigo bajo nuestros pies. Todos estos residuos tóxicos generacionales, todo este mal que nos ha estado oprimiendo con cargas, se quema. Vamos a comenzar a libertar a otras personas. Los malvados serán como ceniza o polvo, bajo nuestros pies.

El quinto indicador es que vamos a recordar la "ley de Moisés, con los estatutos y el juicio." Creo que esta parte se refiere a la Palabra de Dios. Se nos recuerda que hay que rememorar la Ley de Moisés.

Siempre regresamos a la Palabra. Cuando viene el poder y la gloria, no ignoramos Su Palabra. Como Bautista, yo hacía hincapié en la Palabra y sabía poco del poder. Ahora entiendo la importancia de Su Palabra y Su Espíritu. Debemos tener en cuenta ambos, ¡la Palabra y el Poder!

El sexto indicador es que Elías vendrá antes de la venida del grande y terrible día del Señor. En el otoño del 2006, yo estaba en Dallas, Texas dirigiendo nuestras dos escuelas de ministerio. Siete de nosotros nos reunimos en casa de un amigo para una cena y para pasar un maravilloso tiempo de amistad. Después de comer una deliciosa carne asada, nos retiramos a la sala de estar para disfrutar de la compañía. Mientras hablábamos, sentí que algo astral se había proyectado en la habitación. Entramos en la adoración para guerrear y la entidad se fue. Luego ocurrió lo inesperado. Sentí de nuevo una proyección astral, como un sentimiento, pero en vez de discernimiento del mal, sentí que lo que estaba presente era algo justo. Yo estaba realmente confundido. Le dije al grupo lo que estaba sintiendo y comenzamos a preguntarle al Señor lo que estaba sucediendo. ¡No estaba preparado para lo que estaba escuchando! Elías estaba en la casa.

Debo admitir, que Elías estuviera presente en el espíritu, ¡no era parte de mi paradigma bautista! ¿Cómo podía ser esto? Entonces recordé el pasaje de Malaquías. La Palabra de Dios dice que antes de que el día terrible del Señor, Elías vendrá. A pesar de que esto es muy difícil de comprender, hay que recordar que Elías nunca murió. Él fue arrastrado en el torbellino. Cuando Juan el Bautista estaba en la tierra, nuestro Señor dijo que él vino en el espíritu de Elías, pero que también que Elías *vendría*. Descubrí más adelante que se llevó a cabo una conferencia en el Medio Oeste casi al mismo tiempo. El nombre de la conferencia era "¡Elías sal de la Cueva!" Otro profeta en Florida había dicho públicamente que él cree que Elías ha vuelto. ¿Qué significa esto? Elías había aparecido ahora en muchas escuelas y conferencias. Yo creo que él coloca mantos en los que están presentes. Él trae una unción de sanidad, señales, prodigios y milagros.

Por último, el séptimo indicador, "Él hará volver el corazón de los padres hacia sus hijos y el corazón de los hijos hacia sus padres. De lo contrario, vendré y haré caer una maldición sobre la tierra.". La escritura dice que Elías vendrá a volver el corazón de los padres hacia los hijos, y el corazón de los hijos hacia los padres. ¡El mundo se ha estado preparando para esto! Vea cualquier programa de televisión o una película y verá un tema constante, el conflicto entre padres e hijos. Antes de la conclusión de la historia, a menudo hay una resolución de este conflicto.

Cuando el horno ha aparecido en nuestras reuniones, el Señor nos ha dicho: "No duden de lo que Yo puedo hacer", y cuando hemos actuado en fe, el mal ha huido. Aquí hay una muestra de algunos de los reportes que hemos tenido de las personas, que han experimentaron el horno:

- "Se siente como una gran cantidad demoníaca generacional que sale desde la zona del vientre, la zona del ombligo. Muchas mujeres están siendo liberadas de eso. Hay un control, un dominio y un menosprecio que todavía está muy profundo, muy adentro y el Señor está comenzando a tocarlo y a removerlo ahora."

- "Hay una visión de material corrosivo casi negro cayendo y a medida que el fuego lo va quemando, va cayendo al suelo. A medida que cae al suelo, se convierte en plata y oro. También vi tuve una visión del Señor soltando un tarro Masón, yo creo que el Señor está liberando a algunos de nosotros de la maldición de la masonería."

- Hay una visión de todos nosotros parados en el fuego, como Sadrac, Mesac y Abednego, que el fuego no los consumió. Así que dejemos que el Señor consuma lo que quiera quemar."

- Una persona dijo haber visto que el mal venía como un efecto dominó. Otros lo han descrito como el embudo de un tornado. Otros ven una imagen de un universo tipo remolino de mal saliendo de la cabeza de los individuos.

- "A mí me parece como que el estruendo viene desde el interior del ángel. ¿Alguien más lo siente? Todo lo que me viene es que hay una reestructuración molecular."

- "Oigo gritos en el infierno ahora mismo. El infierno está gritando, "Ayuda, ayuda, ayuda, ayuda, ayuda, ayuda. Estamos en problemas. Ayuda. Estamos en problemas. Ayuda. Estamos perdiendo la batalla. Estamos perdiendo la guerra. Ayuda. Ayuda. Estamos en problemas esta noche. Estamos perdiendo a las generaciones en esta noche. Las generaciones están siendo liberadas en el nombre de Jesús. Estamos perdiendo generaciones enteras. Estamos perdiendo los bebés aún por nacer. Ayuda. Ayuda. Estamos perdiendo esta noche generaciones enteras para el Reino de Dios. Los perdimos esta noche. Los perdimos esta noche. Ayuda. Ayuda. Ayuda."

- Un hombre reportó que escuchó la voz demoníaca decir, "¡Odio cuando Paul hace esto!"

- Hemos recibido el mensaje de un ángel. "El Anciano de Días está aquí. Ha salido en respuesta a las oraciones de Sus santos. Las oraciones de los santos son escuchadas mientras hablamos. Las oraciones de los santos están moviendo la mano de Dios, los dedos de Dios, el brazo de Dios, la boca de Dios, la nariz de Dios. La fosa nasales de Dios están bufando no en contra de la Iglesia, como algunos han dicho, pero en contra de los enemigos de Dios. Muchos espíritus están siendo arrojados al abismo esta noche, para no regresar. Los recursos del infierno están siendo despojados porque mayor son los que están con nosotros que los que están con el enemigo. Mientras las fosas nasales del Señor bufan el enemigo huye. El Señor no está viniendo con ira en contra de la iglesia, como muchos han dicho. Él incluso dice que algunos deben arrepentirse por haber dicho que Dios está enojado con Su esposa, porque Él la ama. Él está enojado con el enemigo y él está enojado con la mentira de que Dios está enojado con Su esposa, porque Él la ama. Mientras ella está sin mancha, ella se llena con manchas de sangre del Cordero de Dios. Ella está impecablemente limpia, pero está llena de las manchas de la sangre de Jesucristo. Y el Señor dirá: 'Recibe ahora al Anciano de Días, no sólo en sus pensamientos, pero en su corazón porque Él está haciendo una cosa nueva, que les había dicho, que usted no lo hubiera creído. Usted todavía no lo creerá hasta que lo vea. El Señor dice, "A no ser que vean las señales y prodigios, no lo van a creer." Lo tomamos como un reproche, pero Él estaba declarando un hecho. A no ser que vean señales y prodigios, no van a creer la siguiente cosa que el Señor va a hacer." Así que Señor, te recibimos, al Anciano de Días. Te recibimos y recibimos lo siguiente que vas a hacer. A pesar de que no lo vemos con nuestros ojos, porque Dios es fiel y Él es justo.

El horno nos purifica para nuestra Excursión al Cielo.

Capítulo Nueve

Nuestros viajes nos han llevado a muchos países alrededor del mundo, y no sólo hemos conocido a muchas personas maravillosas, sino que también hemos observado a Dios trabajando en mayores y mayores grados de poder. Sin embargo, a pesar de las muchas culturas y lenguas diferentes, hemos disfrutado de experiencias similares en cada lugar. En cada seminario, Dios siempre nos ha proporcionado perfectamente, la iglesia, el equipo de adoración y de intercesores correctos. Invariablemente, todo ha funcionado bien.

Pero otro aspecto de nuestro ministerio es que nos sentamos con la gente de manera individual y escuchamos sus historias. Escuchamos un sin número de historias de no haber sido queridos antes de nacer, de infancias malísimas, de matrimonios que fueron devastados, historias horribles de gente normal.

Hemos escuchado de personas que, al llegar a los cincuenta y sesenta, se han dado cuenta que los grandes sueños y las grandes profecías que se han hablado sobre ellos todavía no se han cumplido. Se preguntan si algo va a cambiar alguna vez. Parece que ellos siempre están recibiendo sanidad, pero nunca son totalmente sanos.

Un día, en una sesión de ministerio en Aslan's Place, una señora en sus cincuenta años compartió una historia muy, muy triste. Las relaciones no habían funcionado, los niños no habían llegado, ella se sentía miserable en la iglesia, se sentía miserable en el trabajo, a pesar de que había sido cristiana durante décadas. Mientras la escuchaba, me acordé de la obra, *Los Miserables*.

Los Miserables es la historia de un hombre llamado Jean Valjean, un ex prisionero que fue acogido por un sacerdote. A la mañana siguiente después de entrar en la casa del sacerdote, el desayuno fue servido y, cuando el sacerdote salió de la habitación, Jean Valjean cogió un candelabro y salió corriendo. Después de que la policía lo atrapó y lo trajo de regreso, le preguntaron: "¿Es este el hombre que estaba en su casa y que robo este candelabro?" El sacerdote respondió: "''No, él no lo robó, yo se lo di. De hecho, le di los dos candelabros, pero él se olvidó de tomar el otro." Y así, Jean Valjean se fue, experimentando la gracia y el perdón de Jesucristo por primera vez. Esa misma gracia y perdón es el tema fundamental de la obra.

Finalmente, Valjean se convirtió en un hombre muy importante. Empezó a ayudar a las personas e incluso se convirtió en el alcalde de una ciudad. Luego conoció a una mujer, Fantine, y su hija Cosette. Muy temprano en la obra, cuando Fantine dio cuenta de que pronto iba a morir y dejar huérfana a Cosette, Fantine canta una canción llamada *I Dreamed a Dream*. ("Tuve un Sueño") la letra de esta canción expresa la miseria "el bajo nivel" de muchos creyentes.

Hubo un tiempo en que los hombres eran buenos

En que sus voces eran suaves

Y sus palabras atractivas

Hubo un tiempo en que el amor era ciego

Y el mundo era una canción

Y la canción emotiva

Hubo un tiempo

Luego todo se arruinó.

Hace mucho tuve un sueño

En el cual la esperanza era grande y la vida digna de ser vivida

Soñé con que el amor nunca moriría

Recé porque Dios fuese indulgente

Entonces, era joven e inmune al miedo

Y los sueños eran hechos, usados y gastados

No había rescate que pagar

No canción sin cantar, no vino sin probar

Pero los tigres por la noche llegan

Con sus voces dulces como truenos

Al mismo tiempo que hacen trizas tus esperanzas,

Y convierten tus sueños en vergüenza

Él durmió un verano a mi lado

Él llenó mis días de maravilla infinita

Él tomó mi niñez a su paso

Pero se fue llegando el otoño

Aún sueño con que él vendrá a mí,

Con que viviremos por años juntos

Pero hay sueños imposibles de cumplir

Y tormentas imposibles para nosotros soportar

Soñé con que mi vida sería

Tan diferente al infierno que vivo ahora

Tan diferente ahora de lo que parecía

Ahora la vida ha matado el sueño que tuve.

Mientras yo ministraba a esa mujer, me acordé de esa canción, así que, puse el CD para que lo escuchara. Ella lloró al darse cuenta de que la canción parecía ser un relato de su vida. Pero no es sólo su vida. La canción describe la vida de muchas personas. Muchos han tenido sueños que siguen sin cumplirse. Todos creemos que las cosas van a mejorar, pero no mejoran. Muchos de nosotros hemos oído muchas palabras proféticas incumplidas, y nos hemos preguntado, "¿Cuándo me va a pasar algo bueno a mí? ¿Cuándo va a comenzar mi ministerio? ¿Cuándo voy a encontrar un lugar en la iglesia donde soy aceptado?" En algún momento de nuestro viaje, nos encontramos con que la vida ha matado a nuestros sueños. Es un hecho triste que la iglesia está llena de personas que han soñado en silencio y han sido decepcionados, incluso hasta el punto de sentirse devastados. Desafortunadamente nuestras iglesias, que son los mismos lugares de los que esperaríamos recibir consuelo, no siempre entienden. Con demasiada frecuencia, los ministros y los miembros de la congregación no comprenden que la iglesia está llena de personas heridas que tienen miedo de que otras personas sepan de sus heridas porque tienen más miedo al rechazo o a la decepción.

Podemos haber tenido una infancia infeliz y pensar cuando adolescente: "Si me pudiera mudar, si me pudiera librar de mis padres, entonces todo estará bien." Y así nos mudamos. Treinta días más tarde, las cuentas comienzan a llegar, y nos sorprendemos porque alguien espera que ahora nosotros paguemos esas facturas.

Soñamos que si nos casamos entonces la vida va a ser mejor, así que nos casamos. Entonces pensamos: "Si tengo hijos, entonces será mejor", y luego tenemos hijos. Después de tres o cuatro noches sin dormir, pensamos, "Bueno, tengo que comprar una casa", así que compramos una casa y tiene que ser reparada. Luego compramos motocicletas, casas rodantes, barcos y coches de lujo, pero también necesitan ser reparados.

Tenemos sueños de lo que debería ser la iglesia, lo que debería ser nuestro pastor, lo que nuestros amigos deberían ser; pero parece que somos aplastados por la decepción continuamente. Y así que nos preguntamos, "¿Es de esto de lo que se trata la vida en realidad?"

Recuerdo estar mirando un dibujo animado con nuestros hijos. Un pequeño ratón se escapó con su padre fuera de una habitación, sólo para caer en un bote de basura. El pequeño ratón le preguntó a su papá, "¿Así es el mundo?" Lamentablemente, hemos llegado a pensar que el mundo es así. Cualquier pequeño éxito, sin duda debe ir seguido de un gran fracaso, ¡y terminamos en la basura!

En nuestras reuniones, nos hemos encontrado muchas veces que cuando el Señor quiere hacer algo especial con nosotros - algo que implica un gran romance, una aventura y un conflicto - los querubines han aparecido. Una vez le di este mensaje a un grupo de cinco iglesias bautistas americanas en el área de San Diego y Dios vino con gran poder. Mi pastor y amigo Brian Fairly dijo "Paul ellos estaban yendo muy bien, hasta que dijiste, los querubines están aquí." Le dije: "Pero los querubines están en la Biblia." Él dijo: "Lo sé, ¡pero se asustaron!"

Entonces, ¿qué sucede cuando los querubines aparecen? Suceden tres cosas. En primer lugar, hay un movimiento. Mire Ezequiel 2:1. *"Levántate, hijo de hombre —dijo la voz—, quiero hablarte. El Espíritu entró en mí mientras me hablaba y me puso de pie. Entonces escuché atentamente sus palabras."* En el Salmo 18, se nos dice que el trono de Dios cabalga sobre los querubines. ¡El Señor tiene un trono portátil! Se nos dice en Ezequiel 10 que el Espíritu entró en Ezequiel y lo trasladó a un

78

lugar diferente de donde él se encontraba. Ve, cuando los querubines se presentan, la gloria de Dios está presente. Y cuando la gloria de Dios está presente, hay movimiento. Somos movidos de donde estamos a donde tenemos que estar en nuestras vidas, en nuestro matrimonio, en nuestra familia, en nuestro ministerio, en nuestras motivaciones y en cada área de la vida. Somos llevados de donde estamos hasta donde tenemos que estar, porque hay movimiento.

Tuve un gran privilegio en diciembre de 1999. Fuimos llamados a ministrar en Toronto Airport Church. Antes de ir, John Arnott me llamó y me preguntó si quería predicar en el servicio del domingo a la tarde para concluir nuestra semana allí. Yo estaba asombrado ante la posibilidad de hablar en el púlpito de esta iglesia histórica. Después de un par de días, la secretaria de John llamó y me dijo que les gustaría que yo hablara también en la iglesia hispana el domingo por la mañana. Pensé que estaría bien. Unos días más tarde, John Arnott llamó otra vez más y dijo que iba a unir las dos iglesias, la de inglés y la de español, y que le gustaría que yo predicara el domingo por la mañana. ¡Hablar en el servicio de la mañana era suficiente para que yo estuviera totalmente aterrorizado!

Unos tres días antes de ese domingo, comencé a sentir los querubines. Me di cuenta de que el Señor quería que yo hablara de Su gloria. Yo sabía, que iba a hablar sobre el pasaje donde Moisés dijo: "Señor, muéstrame Tu gloria," y me gustaba hablar de los querubines.

Ya tenía todo preparado. ¡Yo sabía lo que iba a hacer! ¡Pero el Señor tenía otra idea!

¡Era mi tiempo de predicar! Presenté el sermón sobre la gloria de Dios y los querubines. Ahora, si hay algún lugar donde el fuego pudiera caer, era en Toronto. Llegué al final del sermón y dije: "Señor, libera Tu gloria," y yo estaba esperando los fuegos artificiales. Bueno, hubo una pequeña pausa y la gente comenzó a temblar. Luego la gente por todo el lugar empezó a acostarse en el suelo. Toronto Airport Church tiene una gran área al frente vacía, además de los pasillos adjuntos que están vacíos para que se pueda ministrar. Pronto, había más de 1.000 personas allí, la mayoría estaba en el suelo por todas partes, y se puso realmente tranquilo. Yo pensé: "He puesto a la gente a dormir con mis sermones antes, ¡pero nunca había sido tan eficaz!" Finalmente me senté junto a John y le dije; "Está bien John, creo que he terminado", y él sólo me miró y no dijo nada. Me senté allí durante más de veinte minutos, ¡aparentemente no pasaba nada! ¡Esto no puede suceder en la iglesia! Siempre me habían enseñado que el servicio de la iglesia debía estar siempre lleno de algo. ¿Qué estaba pasando?

Fui a casa y oré: "Señor, todas las otras veces he hecho esto Tu fuego ha venido, y la unción, y hemos orado por la gente y ellas caen en el Espíritu. ¡Siempre ha sido un tiempo maravilloso de bendecir a la gente! Pero, ¿qué fue esto?

Un tiempo después estaba impactado por una profecía que recibí con fecha del 4 de enero del 2002.

La profecía era por Mike McClung y estaba titulada *2002 Un Año de Descanso, Preparación y Avance*. Aquí está.

En el 2002 comenzará la entrada al reposo sabático. El verdadero señorío de Cristo y Su gloria de resurrección está a punto de ser revelada de la manera más profunda a aquellos que han perseguido la intimidad con Él. Ahora entendemos que Cristo mismo es nuestro día de reposo (Sabbath), y hemos de trabajar para entrar en la plenitud de Su presencia y Su descanso. Hay una gran ola de sanidad y liberación viniendo a la iglesia con el fin de sanar al cuerpo herido de Cristo, de soltar la cosecha. Uno de los problemas que se levantará es que la gente religiosa se enojará mucho y estará amargada en contra de aquellos que lo buscan en descanso. Al entrar en Su reposo, habrá provisión ilimitada, amor e intimidad ilimitada, autoridad ilimitada y oportunidades ilimitadas. Vamos a empezar a verlo a Él y la belleza de Sus riquezas, Su gloria de resurrección y Su santidad, y no lo veremos más en Su pobreza como un siervo humilde como es presentado en los evangelios. La nube Shekinah de Su presencia será vista descansando en lugares y regiones geográficas alrededor del mundo. Esto nos preparará para entrar en íntima unidad con Él y Su propósito y para ser confiados con una mayor unción, autoridad y responsabilidad.

Después de un tiempo, yo estaba en la zona de San José y estaba orando por una mujer, por liberación. Cinco de nosotros estaban presentes, y cuando comencé, de mi boca salieron estas palabras: "Señor, llévanos a la cuarta dimensión para esta liberación." Miré a mi alrededor para ver quien dijo esto, ¡y me di cuenta que era yo el que había dicho esas palabras! Pensé, "¿De dónde vino eso?" De repente, fue como si estuviéramos en un ascensor y empezamos a subir. El poder de Dios golpeó a esta mujer y comenzó a temblar. Todos nos sentamos allí mientras el Señor hizo una liberación en ella. Yo ya no hacía falta, así que miraba alrededor tratando de decidir lo que se suponía que hiciera. Pensé: "Paul, trata de preocuparte por algo ahora mismo."

Debo decir que, como un joven adulto, podría haber recibido la medalla de oro a la preocupación. Era un gran "preocupador". ¡Podía preocuparme con las mejores preocupaciones del planeta! En este tiempo, ¡tenía grandes cosas de las que preocuparme!

¡Allí estaba yo, tratando de preocuparme, pero no pude! Y pensé: "¿Qué es este lugar?" "¿Dónde estoy?". Le dije a las otras cuatro personas presentes, "intenten preocuparse en este momento." Y así empezaron a reír y dijeron: "No podemos preocuparnos." Nos habíamos ido a otro lugar.

¿Es esto bíblico? ¡Sí! La Biblia dice que estamos sentados con Cristo en los lugares celestiales, no en un lugar. Los nombres científicos y matemáticos para esos lugares son dimensiones. Eso es bíblico. Pero no estamos allí todo el tiempo. Posicionalmente debemos estar allí, pero en nuestra alma y nuestro espíritu, no estamos siempre ahí. El Señor nos había llevado a un lugar celestial para hacer la liberación. Era el lugar de descanso.

¿Cómo nos movimos? Habíamos seguido a los querubines, la nube, y la columna de fuego.

Puedo sentir todo esto cuando aparecen en nuestras reuniones. Cuando la nube o la columna de fuego aparecen, la gente camina a través de ellos y son movidos a otro lugar espiritual.

En Éxodo 13:21 leemos: "El Señor iba delante de ellos, y los guiaba durante el día mediante una columna de nube y les daba luz durante la noche con una columna de fuego. Esto les permitía viajar de día y de noche."

¿Qué paso? Usted sigue la nube, ¿verdad? Usted va donde lo lleve la nube.

Nos encontramos con que la comunicación con el Señor tiene lugar cuando aparece la nube. En éxodo 19:9 el Señor dijo a Moisés: "*Yo me presentaré ante ti en una densa nube, para que el pueblo pueda oírme cuando hable contigo; así ellos siempre confiarán en ti.*"

Se nos ha enseñado que la nube cayó sobre la tienda de reunión. En realidad, se llama la tienda de Su presencia, la tienda de reunión. Fue allí donde Moisés habló con el Señor. Y cuando la nube se mueve, vamos con ella, y mientras viajamos, vamos a un lugar donde hay comunicación. Dicha comunicación puede ser visual, puede ser auditiva, o puede ser simplemente en el espíritu de uno.

Yo estaba en Alemania dirigiendo un fin de semana de Young Warriors (Jóvenes Guerreros). De repente, la nube de Su gloria apareció y en el interior de la nube estaba la columna fuego. Miré alrededor de la habitación y le sugerí a un chico de catorce años que se parara en medio de la nube y del fuego. Se movió a ese lugar, empezó a llorar y cayó de rodillas. Pronto estaba tendido en el suelo. Todos, como unos sesenta de nosotros lo estábamos mirando, pero él no respondía. Finalmente le pregunté: "¿Qué te está sucediendo?" Mientras lloraba, dijo: "el Señor me dijo que me arrepintiera." Ahora, ¡yo no había dado ninguna charla sobre arrepentimiento! Más tarde me enteré de que este joven había sido muy rebelde en casa y había dejado de asistir a la iglesia. ¿Qué ha pasado? ¡La presencia del Señor vino en la nube y había comunicación - un poderoso intercambio de palabras de nuestro Dios!

En la intimidad del matrimonio se habla mucho sin decir nada. Eso es la intimidad. De alguna manera pensamos que necesitamos hablar, hablar y hablar, para tener intimidad con el Señor. Pero a veces Él sólo quiere que estemos con Él.

Vemos en 2 Crónicas 5:13-14, que los trompetistas y los cantores se unieron al unísono en una voz para alabar y agradecer al Señor, acompañados de trompetas y címbalos y otros instrumentos. Levantaron sus voces y alabaron al Señor y cantaron "¡Él es bueno! ¡Su fiel amor perdura para siempre!". Luego el templo del Señor fue lleno de una nube y los sacerdotes no pudieron seguir con el servicio, porque la nube de gloria del Señor llenó el templo de Dios.

La gloria está en la nube, que es la presencia manifiesta de Su gloria. Yo creo que esta es la misma "nube de gloria" que se reveló en la Transfiguración de Jesús.

"No había terminado de hablar cuando una nube brillante los cubrió, y desde la nube una voz dijo: 'Este es mi Hijo muy amado, quien me da gran gozo. Escúchenlo a él.'" Mateo 17:5

Hay una proclamación de quién es Jesús, y de nuevo hay comunicación cuando viene la nube. En Hechos 1:9, Él asciende en la nube. Esta es la misma nube, y un día Él va a volver a aparecer en esa nube, la nube de su gloria Shekinah.

¿Qué significa todo esto? Quiero ser muy práctico aquí. Cuando los querubines están presentes, hay movimiento. La nube se mueve y nosotros la seguimos, porque el Señor quiere movernos de donde estamos a donde tenemos que estar, y Él nos quiere introducir en Su reposo.

En Apocalipsis 4:1, Juan nos dice: "Entonces, mientras miraba, vi una puerta abierta en el cielo, y la misma voz que había escuchado antes me habló como un toque de trompeta. La voz dijo: "Sube aquí, y te mostraré lo que tiene que suceder después de esto." Eso no es sólo algo que ocurrió en la Biblia. Esto es para nosotros, aquí y ahora. Él quiere que nos movamos a Su lugar de descanso. Hay muchas escrituras que hablan de entrar en el reposo del Señor.

Éxodo 33:14. "El Señor le respondió: Yo mismo iré contigo, Moisés, y te daré descanso; todo te saldrá bien."

Salmo 55:6. "Si tan solo tuviera alas como una paloma, ¡me iría volando y descansaría!"

Salmo 62:1. "Espero en silencio delante de Dios, porque de él proviene mi victoria."

Salmo 62:5. "Que todo mi ser espere en silencio delante de Dios, porque en él está mi esperanza."

Salmo 91:1. "Los que viven al amparo del Altísimo, encontrarán descanso a la sombra del Todopoderoso."

No todos los cristianos habitan al abrigo del Altísimo. Tenemos que ir a ese lugar de descanso donde vamos a experimentar toda la verdad del Salmo 91. Cuando moramos en el lugar de descanso, luego se nos dice que vamos a descansar a la sombra del Todopoderoso, y que luego todo está bajo nuestros pies. El enemigo está bajo nuestros pies, solo en el lugar de descanso. Primero, debemos movernos al lugar de descanso y luego vamos a "habitar al abrigo del Altísimo."

Isaías 30:15. "Esto dice el Señor Soberano, el Santo de Israel: Ustedes se salvarán solo si regresan a mí y descansan en mí. En la tranquilidad y en la confianza está su fortaleza; pero no quisieron saber nada de esto."

Jeremías 6:16. "Esto dice el Señor: 'Deténganse en el cruce y miren a su alrededor; pregunten por el camino antiguo, el camino justo, y anden en él. Vayan por esa senda y encontrarán descanso para el alma'. Pero ustedes responden: '¡No, ese no es el camino que queremos!'"

Mateo 11:28-29. "Luego dijo Jesús: 'Vengan a mí todos los que están cansados y llevan cargas pesadas, y yo les daré descanso. Pónganse mi yugo. Déjenme enseñarles, porque yo soy humilde y tierno de corazón, y encontrarán descanso para el alma.

Hebreos 4:1. "Todavía sigue vigente la promesa que hizo Dios de entrar en su descanso; por lo tanto, debemos temblar de miedo ante la idea de que alguno de ustedes no llegue a alcanzarlo."

Hebreos 4:9. "Así que todavía hay un descanso especial en espera para el pueblo de Dios. Pues todos los que han entrado en el descanso de Dios han descansado de su trabajo, tal como Dios descansó del suyo después de crear el mundo."

¿Por qué es que estamos tan frustrados, tan infelices, y sin cumplir nuestros sueños y nuestras expectativas? ¿Por qué es que estamos tan descontentos? ¿Por qué no hemos entrado en la clase de ministerios que se han profetizado acerca de nosotros? ¿Por qué no hemos cumplido los sueños y destinos que sabemos que debemos lograr? Es porque no hemos entrado en Su reposo, y todavía estamos luchando y trabajando para tratar de hacer que esto suceda. Trabajamos, trabajamos y trabajamos. Dios nos dice, "¿Por qué no lo dejas ir y entras en Mi reposo?"

De hecho, ¡hay una cosa por la que hemos de luchar! ¡Sólo una cosa! Hebreos 4:11, "Entonces, hagamos todo lo posible por entrar en ese descanso." Eso es todo. Debemos hacer todo lo posible para entrar en Su reposo.

Uno de mis sermones favoritos es el sermón sobre el hijo pródigo. El hijo menor pidió su herencia. Esta era una petición impensable porque uno no recibe su herencia hasta después de que su padre ha muerto. Sin embargo, el padre accedió y dio al joven hijo de su herencia, lo que significaba que el hijo mayor recibió la doble porción. Técnicamente, el padre estaba muerto. Pero el hijo pródigo regresó y su padre lo vio y le dio la bienvenida a casa. Con sólo dos cosas que faltaban, un anillo y un manto, el padre le dio todo lo que tenía a su hijo.

Ahora el padre (el Padre Celestial) lo ha dado todo. ¿Qué clase de Dios es este? Si usted mira a los dioses de la historia, todos ellos requieren sacrificios de niños. Requieren flagelación. Hay un requerimiento de entrar en todo tipo de miseria para satisfacer la ira de los dioses. Sin embargo, este nuestro Dios, lo da todo. Es como un vendedor de autos usados loco que viene y dice: "Venga y tome lo que usted quiera, que yo ya he pagado por todo. ¡Puede tenerlo todo!"

En la parábola, el padre, mata a un ternero. Creo que esto es algo que enfureció al hijo mayor. Puesto que la herencia ya había sido dada, el papá probablemente estaba matando uno de los becerros del hijo mayor, porque el padre ya había dado toda su herencia. El hijo mayor, representa a la persona religiosa, había estado fuera en el campo misionero trabajando muy duro. Estaba tan cansado y miserable, pero él estaba trabajando duro y era muy religioso, así que estaba haciendo todo bien. Pero entonces, oyó a la gente riendo y divirtiéndose. Se preguntó, "¿Qué está pasando? Estoy trabajando muy duro aquí, he sido muy bueno y haciendo todo a la perfección." Por último, le exige a su padre que deje la fiesta, para que viniera y le explicara ¡por qué había toda esta celebración cuando aún quedaba trabajo por hacer!

Esta parábola es tan absurda que tenía que ser divertidísima para los judíos. Probablemente estaban en el suelo riéndose, sólo porque era muy tonto pensar que algo de esto pudiera haber pasado. En esa sociedad, primero, nunca se le pide a un padre que salga y le dé una explicación a un hijo. Pero el padre si salió y le preguntó: "Ahora, ¿cuál es tu problema?" Y el hijo mayor respondió: "Bueno, se están divirtiendo allí y yo me he estado matando trabajando, y no me has dado nada."

¿Qué es esto? El hijo mayor recibió toda su herencia en el comienzo de la parábola, ¿verdad? Él ya la tenía. Tenía una herencia más grande que el hijo menor porque el hijo mayor recibió una doble porción. Su padre se volvió hacia él y le dijo: "Hijo, sabes, todo el mundo ha muerto en esta parábola. Yo morí al principio de esta parábola. Ahora tu hermano ha muerto. El becerro ha muerto. Entonces, ¿por qué no te mueres y te unes a la fiesta?" Porque vea, el Reino de Dios es una fiesta hecha de personas fallecidas que han entrado al descanso, y todos ellos están simplemente pasando un buen rato disfrutando del Reino de Dios, y de un Dios loco que es tan amoroso que Él lo da todo.

Cuando morimos a nosotros mismos, ¡entonces estamos en posición de entrar en Su reposo!

Y Dios nos dice: "Ahora haz todo lo posible para entrar en el reposo." Por lo tanto, hay una sola cosa por la que tenemos que luchar y es esta. Tenemos que trabajar para entrar en Su reposo. ¿Por qué?

Yo estaba ministrando con Heidi Baker en el área de Chicago, y ella me ayudó a entender nuevas profundidades del reposo del Señor. Ella ha aprendido a entrar en el reposo y cómo vivir allí. Para ella todo sucede en Su reposo. Es ahí donde vienen las ideas. Es allí donde las estrategias vienen. Es allí donde la guerra se lleva a cabo. Es allí donde nacen los ministerios. Es en Su presencia, en Su descanso que yo ya no necesito planificar y programar. Ya no necesito establecer metas largas y cortas u objetivos. En el descanso, Él me da las ideas y Él provee para esas ideas. Yo no necesito comenzar un ministerio de medios de prensa. No necesito tratar de recaudar fondos para los edificios. Realmente no tengo que hacer nada, excepto ir dentro de Su reposo y dejar que Él lo haga. Esta es una nueva forma (realmente la forma original) de hacer iglesia.

Nuestro Padre Celestial es el que comenzó Aslan's Place y todo lo que ha sucedido de manera significativa desde el nacimiento de este lugar, Él lo ha hecho. Donna y yo estamos tratando de mantenernos al día con lo que Él está haciendo. Todo lo que hemos tratado de iniciar o comenzar por nuestra cuenta no ha funcionado. Así que, finalmente lo estoy entendiendo. Él quiere que yo entre en Su reposo, que le crea a Él, que lo disfrute a Él, a mi esposa, a mis hijos y mis nietos y que disfrute de amar a la gente y de servirlos. Nuestro Dios es el que va a hacer que todo suceda.

Personalmente, no me interesa si usted es un hombre de negocios o un ministro; esto funciona. Habrá nuevas formas de reunión de directorio en la cual el directorio va a entrar en Su descanso y a dejar que Él hable. Y dirán: "¡Oh Dios mío, qué idea maravillosa!" Pero ya no reclamarán las ideas como propias. Isaías dice: "Señor, todo lo que he hecho Tú lo has alcanzado por mí." ¿Entiende que todo buen pensamiento, cada cosa buena que haga es Su idea? Él sólo nos permite lucir bien mientras lo está haciendo. ¿Dónde realiza Su obra por nosotros? ¡Cuando estamos en el lugar de Su reposo!

Hay dos maneras en que usted sabrá cuando usted ha entrado en su reposo. Una de ellas es que es imposible preocuparse, y la segunda es que no puede ponerse celoso por los dones de otro. ¡He probado esta verdad con cientos de personas! ¡Es un lugar maravilloso libre de ansiedad y estrés!

Heidi Baker ha dicho que, si los pastores se postraran y actuaran como un montón de gente muerta, luego podrían hacer algo en la iglesia. ¡Eso es! Eso es lo que sucedió en Toronto. Ahora todo tenía sentido para mí. Ahora está sucediendo muchas veces cuando hablo. Los querubines llegan, viajamos dentro de Su reposo, y nos postramos en Su presencia.

Los invito a hacer esto ahora. Relájese en una posición cómoda y entre en Su reposo. Si usted puede ver en la esfera espiritual, entonces mire. Si puede oír, escuche. Quizás solo pueda experimentar la paz.

Eso está bien. Porque Él es Dios, Él lo llevará a donde Él quiere que usted este.

Una vez, yo estaba con un médico, y el Señor nos llevó arriba a Su presencia. Él regresó más tarde y me dijo: "Yo estaba sentado en un sillón en un lugar en el cielo. Un ángel vino como un mozo y me dio una bebida con un paragüitas. El ángel me miró y me dijo, ¿Te relajas alguna vez? Me dio la bebida y se alejó sonriendo."

Disfrute de Su lugar de descanso. Es el Lugar Santísimo, el tabernáculo de reunión, el monte de Sion, el lugar secreto, el lugar de intimidad, al abrigo del Altísimo, el tabernáculo de Su presencia, el monte del Señor, la recámara, el seno de Dios, un lugar de espera. Es la tierra más alta.

Descanso es un "lugar" en nuestra Excursión al Cielo.

Capítulo Diez

Estamos familiarizados con Dios y Satanás, los ángeles y los demonios. Como pastor bautista esa era la extensión de mi comprensión sobre el mundo espiritual. Yo estaba contento con esta visión de la realidad espiritual. Sin embargo, el Señor estaba listo para extenderme. Estaba teniendo una conversación una vez con un amigo terapeuta. Estábamos hablando de diversas cuestiones espirituales cuando pensé para mí mismo: "Creo que realmente se cómo manejar la liberación y el mundo espiritual." Con ese pensamiento llegó una respuesta. "Paul, ¿por qué crees que el mundo espiritual es tan sencillo?" Luego vino una pregunta, "¿Qué tan complejo es el mundo físico?" ¡Yo sabía que el Señor me estaba hablando! "Bueno, Señor, ¡el mundo físico es muy complicado! El universo parece expandirse por siempre. Además de eso, los científicos han encontrado partículas cada vez más y más pequeñas en el átomo." Yo no estaba listo para Su respuesta. "Entonces, ¿por qué crees que el mundo espiritual es tan simple?" Mi Excursión al Cielo continuaba. Iba a aprender sobre otros seres espirituales.

Hay otros seres espirituales mencionados en la Biblia de los que parece hemos escuchado muy poco. Uno de estos seres se llama "poder". Ahora era mi tiempo para aprender acerca de estos poderes.

94

Mi Entrenamiento sobre el discernimiento de esos poderes estaba por comenzar.

¿Qué dice la Biblia acerca de estos poderes? Ciertas referencias bíblicas incluyen:

- Y estoy convencido de que nada podrá jamás separarnos del amor de Dios. Ni la muerte ni la vida, ni ángeles ni demonios, ni nuestros temores de hoy ni nuestras preocupaciones de mañana. Ni siquiera los poderes del infierno pueden separarnos del amor de Dios. Ningún poder en las alturas ni en las profundidades, de hecho, nada en toda la creación podrá jamás separarnos del amor de Dios, que está revelado en Cristo Jesús nuestro Señor. Romanos 8:38-39

- Ahora Cristo está muy por encima de todo, sean gobernantes o autoridades o poderes o dominios o cualquier otra cosa, no solo en este mundo sino también en el mundo que vendrá. Efesios 1:2

- Pues no luchamos contra enemigos de carne y hueso, sino contra gobernadores malignos y autoridades del mundo invisible, contra fuerzas poderosas de este mundo tenebroso y contra espíritus malignos de los lugares celestiales. Efesios 6:12

- Porque, por medio de él, Dios creó todo lo que existe en los lugares celestiales y en la tierra. Hizo las cosas que podemos ver y las que no podemos tales como tronos, reinos, gobernantes y autoridades del mundo invisible. Todo fue creado por medio de él y para él. Colosenses 1:16

- De esa manera, desarmó a los gobernantes y a las autoridades espirituales. Los avergonzó públicamente con su victoria sobre ellos en la cruz. Colosenses 2:15

- El agua del diluvio simboliza el bautismo que ahora los salva a ustedes no por quitarles la suciedad del cuerpo, sino porque responden a Dios con una conciencia limpio y es eficaz por la resurrección de Jesucristo. Ahora Cristo ha ido al cielo. Él está sentado en el lugar de honor, al lado de Dios, y todos los ángeles, las autoridades y los poderes aceptan su autoridad. 1 de Pedro 3:21-22

Mi primera experiencia sobre los poderes comenzó hace varios años durante un viaje a Argentina. Empecé a experimentar algunas sensaciones muy fuertes en mi cuerpo, así como una nueva sensación eléctrica de la unción. Si bien estoy bien acostumbrado a que mi don de discernimiento tome la forma de sensaciones inusuales, esto era algo diferente, y en un principio pensé que era realmente extraño, pero la vida estaba por volverse aún más extraña.

Necesitando un poco de dinero, fui a un cajero automático, puse mi tarjeta y espere recibir mi dinero. En cambio, mi tarjeta me fue devuelta y la pantalla indicaba que la máquina estaba afuera de servicio. Fui a un segundo lugar y lo intenté de nuevo, la pantalla se encendió y "fuera de servicio". Y luego fui a la tercera máquina y "fuera de servicio". Una vez es normal, dos veces es una extraña coincidencia, ¿pero tres veces? Se hacía más evidente que algo importante estaba sucediendo. ¿Pero qué?

Después de que llegamos a casa desde Argentina, fui al mostrador de Northwest Airlines en el aeropuerto de Los Ángeles para tratar un problema con un vuelo a Minnesota. Una vez más, sentí esta "energía santa" en mí. Cuando me acerqué al grupo de terminales de Northwest Airlines, todos los equipos dejaron de funcionar. Los empleados de Northwest trabajaron desesperadamente para conseguir que sus computadoras funcionaran. Escuché a un empleado decir, "¡Esto nunca había sucedido!" Mi esposa comentó: "Esto ya no es más gracioso." De repente, todos los equipos volvieron a estar en línea, excepto la que estaba directamente en frente de mí. Debido a que la computadora en frente mío no reiniciaba, el agente tuvo que ir a otro equipo para imprimir mi boleto. Curiosamente, esto sucedió de nuevo en un viaje posterior, de vuelta de Minneapolis.

Además, empecé a experimentar situaciones en las que los semáforos se apagaban cuando yo pasaba manejando. Otros han informado acontecimientos de este fenómeno también. Hacía sonar las alarmas de las tiendas, no solo cuando salía, sino cuando entraba. También tenía problemas con los relojes digitales. Siempre que los poderes se presentaban, la pantalla de mi reloj se ponía en blanco. Cuando la pantalla volvía, me daba cuenta de que el reloj ¡había perdido tiempo!

A medida que investigamos la realidad de los poderes, es tanto útil como interesante conocer la definición de los poderes. Echemos un vistazo a la definición de "poderes."

- Poderes—la palabra en griego es *dynameis*
- Strong: *dunamis* (doo'-nam-is) fuerza (literal o figurativamente); especialmente, poder milagroso (usualmente por implicación, un milagro por sí mismo)
- KJV (Versión King James): habilidades, abundancia, significado, poderoso, podría (-ily, -y, -y hecho), (trabajador de) milagro (-s), poder, fuerza, violencia, obra poderosa (maravillosa).

A partir de esta definición, podemos determinar que los poderes tienen algo que ver con "la fuerza."

Cuando comencé a investigar sobre esos poderes, sentí al Señor decir que a estos seres creados se les dio la responsabilidad de administrar los campos electromagnéticos. Pensé que, si esto es correcto, entonces una brújula respondería a estos campos. Probé esa idea por primera vez, al discernir los poderes. Ponía la brújula en el mismo sitio. Cada vez que yo hacía eso, la aguja de la brújula se movía. Definitivamente había algo de electromagnético en ese mismo lugar. De hecho, podía demostrar que había un ser espiritual, ¡que era electromagnético! La definición de la escritura parece apoyar esta idea de que los poderes son seres que están conectados con los campos electromagnéticos.

En su libro, Body Electric (Cuerpo Eléctrico) Robert O. Becker MD, examina el impacto de los campos magnéticos en el cuerpo humano. Su extensa investigación incluye las siguientes observaciones y/o conclusiones:

- "… todos los seres vivos… comparten la experiencia común de estar conectados a los campos electromagnéticos de la tierra, que a su vez varían en respuesta a la luna y el sol."
- "Hemos concluido que esta frecuencia en las micro pulsaciones del campo electromagnético de la tierra era el temporizador principal de los biociclos… toda criatura está conectada al sistema electro-magnético de la tierra."
- Estudios de la glándula pineal han demostrado que hay más "que la vaga definición del 'tercer ojo' de los místicos. Produce melatonina y serotonina, dos neurohormonas que… controlan directamente todos los biociclos" y "… pequeños campos magnéticos influyen en la glándula pineal."

- Un estudio para determinar cualquier correlación entre las alteraciones del campo de la tierra, causadas por las tormentas magnéticas en el sol, mostraron un incremento de admisiones en un hospital psiquiátrico de veteranos como así también cambios de comportamiento entre los pacientes que ya estaban hospitalizados. Becker declara "... nosotros sospechábamos que el campo normal de la tierra jugaba un papel importante en mantener el control de los sistemas de las funciones corporales dentro de los límites normales."

- "A finales del siglo XIX, los geofísicos descubrieron que el campo magnético de la tierra variaba a medida que la luna giraba alrededor... la mayoría de las culturas sin escritura llevan su calendario del tiempo principalmente por medio de la luna."

- "Alrededor de cada ocho días [debido a] la rotación del sol... el campo terrestre cambia ligeramente en respuesta a la polaridad." (Una interesante correlación con la semana de 7 días, con una nueva semana que comienza cada 8 días)

- Se han descubierto correlaciones entre la actividad del campo magnético del sol y las grandes epidemias de gripe, así como en el crecimiento de la bacteria Escherichia coli en nuestros intestinos, y la agravación de los síntomas en pacientes que sufren de trastornos neurológicos." El acoplamiento geométrico en el cielo y la tierra es al parecer más como una red, que como un cable y un enchufe. Podríamos sospechar, por lo tanto, que muchas criaturas usarían información magnética para su sentido de lugar."

- "La existencia de sensores magnéticos en tan diversas criaturas como bacterias, abejas y aves... sugiere que un sentido magnético ha existido desde el principio de la vida..."

Del estudio de las escrituras (Efesios 1:15-23, Efesios 4:8, Colosenses 2:13-15), aprendemos estas verdades:

- Cristo tiene supremacía sobre los poderes.
- El poder y la autoridad de Cristo son de alcance cósmico. "Solamente su nombre, y no su nombre añadido a otros, es suficiente para una confrontación con los poderes del mal... el poder y la autoridad de Cristo son muy superiores a todos los 'poderes', y a todo nombre que se nombra."
- Los "cautivos" de Efesios 4:8 son muy parecidos a los "enemigos" de Efesios 1:20
- Jesucristo ha desarmado a todos los poderes.

Realmente creo que el Señor nos muestra algunos de los principios básicos del universo, y que el magnetismo puede jugar un papel como uno de sus elementos básicos. Así que, al hacer la pregunta, ¿Los poderes justos e impíos, controlan y supervisan los campos magnéticos? Basado en mis observaciones, creo que la respuesta es sí. He notado en repetidas ocasiones que cada vez que tengo la sensación de la presencia de estos poderes justos o impíos, puedo pararme delante de esa persona con una brújula en la mano y la aguja siempre se mueve justo sobre el área donde puedo sentir algo.

Parece ser que el enemigo ha estado en el proceso de pervertir los campos magnéticos, lo que ha dado lugar a una gran cantidad de trastornos mentales, así como problemas físicos. Mi teoría es que Satanás puede estar tomando los campos de energía de las personas para construir su propio reino.

Hay otra observación interesante. ¿Por qué es que el enemigo tiene gente que adora al sol, la luna y las estrellas? ¿Por qué haría él eso? ¿Podría ser que al centrar la adoración lejos del Dios Creador, el enemigo empodera a los poderes impíos para influenciar negativamente los campos magnéticos de la tierra? Por ende el reino de Satanás ha crecido, por lo que puede alterar y distorsionar la creación perfecta de Dios. Esta estrategia cae justo en línea con la segunda ley de la termodinámica, una ley universal de la decadencia que nos dice que las cosas materiales no son eternas. Todos estamos en el proceso de morir físicamente, y el universo se está acabando.

Desde que comenzaron los eventos anteriores, el Señor nos ha mostrado en las sesiones ministeriales que hay grados de poderes. Parece que hay poderes ya sea justos o impíos alrededor de cada persona. También hay poderes alrededor de territorios e incluso poderes que están a cargo de la Tierra y de otros planetas.

Hemos discernido que los poderes alrededor de los individuos por lo general aparecen en grupos de cuatro, y las observaciones de aquellos que pueden ver en el espíritu incluyen los siguientes comentarios. Los poderes:

- Se parece al monolito en 2001 Odisea del Espacio. Parecen como losas o monolito negro, pura negrura
- Aparece como una pirámide en la cabeza de las personas
- Se ven similares a Stonehenge
- Tienen conexiones similares a los aparatos eléctricos, como cables de televisión. Los conectores se parecen a cables y cajas en una persona
- Parecen como metal congelado (lo que indicaría conductores mayores)
- Parecen tener imanes rotando en un movimiento circular alrededor de la persona

Entonces, ¿qué podemos hacer? Al igual que con cualquier otro esquema del enemigo, podemos orar y pedirle a Dios que prevalezca. En este caso, le pedimos a Dios que nos desconecte del gobernador del aire desde el segundo cielo. Hemos elaborado una oración de Gálatas 4: 3-7, 9-10 y Colosenses 2 para desmantelar los poderes.

Mientras las personas hacen esta oración, hemos visto resultados asombrosos. El amigo de un hombre que sufría de una enfermedad pulmonar crónica había sido notificado por su médico que no iba a mejorar. Después de la oración para desmantelar los poderes (así como la ministración de otras personas), volvió al médico quien llevó a cabo la prueba de costumbre. Regresó con los resultados afirmando: "Esto es imposible, pero se ha mejorado." Él continuó mejorando y ahora ya no es más necesario que sea chequeado por este trastorno.

Hemos visto al Señor sanar la depresión al tratar con los poderes impíos. No hace mucho tiempo *Scientific América* tenía un pequeño artículo señalando que las personas deprimidas que se hacen una resonancia magnética se vuelven más alegres mientras están en el tubo magnético. ¡Esta es una confirmación absoluta de lo que hemos encontrado! Yo creo que cuando las personas están haciéndose el estudio, los campos magnéticos que están alineados incorrectamente, son temporalmente alineados. Cuando el Señor quita los poderes impíos entonces el Señor establece de nuevo sus poderes justos. ¡Entonces lo que era Su intención original en la creación es hecho!

ORACIÓN PARA DESMANTELAR LOS PODERES DE MALDAD

Declaro que una vez fui un(a) niño(a) en esclavitud sujeto a los principios básicos del mundo. Pero cuando se cumplió el tiempo señalado, Dios envió a su Hijo, nacido de mujer, nacido bajo la ley, para redimirme ya que estaba bajo la ley, para que pudiese recibir todos los derechos de un hijo. Debido a que soy un hijo, Dios puso el Espíritu de su Hijo en mi corazón, el Espíritu que clama: "Abba, Padre". Así que ya no soy un esclavo, sino hijo, y como soy un hijo, Dios me ha hecho también heredero.

Me arrepiento de todas las actividades religiosas actuales y aun las generacionales, de la creencia y la práctica de todas las filosofías y tradiciones humanas, incluyendo cualquier confianza o dependencia impía en la ley.

Ahora demando y ordeno, en el nombre de Jesús, que todos los poderes impíos salgan y se eliminen de mi interior todos los imanes, condensadores, cilindros, tubos, antenas y cualquier otro dispositivo que se hubieran depositado por medio de las maquinaciones del enemigo.

Te pido Padre, que quites todos los dominios, principados y tronos que estaban alineados con estos poderes y la autoridad que ejercían sobre mí.

Yo renuncio y me arrepiento por la alquimia generacional y rompo con todos los lazos generacionales que le han dado el poder a esa alquimia.

Yo renuncio y me arrepiento por la creencia impía en la magia y en los cuatro elementos básicos de la creación: tierra, aire, fuego, agua y metal.

Señor, ahora trae todos los campos magnéticos de nuevo a la alineación correcta y al equilibrio diseñado por Ti. Padre, por favor envía ahora tu fuego para consumir todo el mal asociado a estos poderes.

Señor, ahora haz volver a mí todo lo que el enemigo me ha robado.

Declaro que estoy sentado con Cristo en lugares celestiales y que el enemigo estará bajo mis pies. Ahora te pido Padre, que liberes en mí el derecho de nacimiento generacional que me corresponde como tu hijo.

Al final de la oración, la gente ha discernido

- imanes derritiéndose lentamente
- la rotación y la polaridad invertidas
- una desconexión tomando lugar y un cable siendo arrancado
- un cable rompiéndose
- la pirámide de la parte de arriba siendo disparada lejos
- una precipitación en la persona de una nueva "unción"
- la sensación de una tormenta eléctrica sobre la habitación, como campos de poder disparándose
- chispas eléctricas de color naranja y azul

Un testimonio final. Yo estaba hablando en una iglesia en la zona oeste de los Estados Unidos y una amiga nuestra nos reveló que había descubierto un bulto en su pecho. Estábamos todos muy preocupados por esto y comenzamos a orar. Sentí una de las manifestaciones más fuertes de poderes que jamás había sentido. Miré mi reloj y se había quedado en blanco. Empezamos a orar y le pedimos al Señor que quite los poderes impíos. La "energía" espiritual en la habitación era casi insoportable. Al día siguiente se fue al médico y ¡la masa ya no estaba allí! ¡Dios la había sanado!

Los poderes son seres con los que nos encontramos en nuestra Excursión al Cielo.

Capítulo Once

¡**C**recer en el discernimiento puede ser frustrante! Solo pregúntele a los que asisten a nuestras Escuelas de Entrenamiento en el Discernimiento. Muy a menudo durante el primer día de escuela, los ángeles aparecen y casi todo el mundo puede sentir al ángel. Hay mucho entusiasmo ya que los estudiantes se dan cuenta, que tal vez por primera vez, pueden sentir algo espiritual. Durante los días siguientes, otros seres espirituales aparecen como querubines, serafines, los ancianos y seres celestiales. Cada vez, que los estudiantes practican cómo discernir el nuevo ser espiritual, siempre están de acuerdo de que hay algo espiritual presente. Sin embargo, la dificultad está en determinar que ser es. Mientras más seres espirituales aparecen, más difícil parece ser el discernir la diferencia entre ellos. Es en este punto en el soy bombardeado con preguntas como "¿Cuándo voy a ser capaz de notar la diferencia?" "¿Cómo puedo hacer esto en casa?" "¿Por qué no puedo sentir la diferencia?" ¡Mi respuesta es siempre la misma! Hebreos 5:14 dice que "*El alimento sólido es para los que son maduros, los que a fuerza de práctica están capacitados para distinguir entre lo bueno y lo malo.*" De alguna manera esperamos que porque vivimos en la sociedad del microondas, todo debe venir rápido. Pero, el discernimiento no es así. Requiere de una "práctica constante" para aprender a distinguir la diferencia entre los seres espirituales.

Luego les recuerdo a los estudiantes que mi camino de aprendizaje del discernimiento ha durado más de quince anos. Muchos de los que cuestionan cuánto tiempo les va llevar aprender sobre el discernimiento, ¡en realidad están aprendiendo más rápido de lo que yo lo hice! En otras palabras, lo que me llevó años para aprender, ellos lo están aprendiendo en unas pocas horas. Mi aprendizaje de discernir los serafines es un ejemplo del proceso que me ha llevado mi entrenamiento.

Yo estaba en Austin, Texas, muchos años atrás. Estaba con mi hijo Brian y recién habíamos terminado la Conferencia de Young Warriors (Jóvenes Guerreros). Estábamos de pie en la parte frontal del santuario de una iglesia de las Asambleas de Dios, después de haber terminado con una reunión. De repente empecé a sentir a un ser espiritual en mi cabeza, pero era una sensación nueva. Aunque era donde yo normalmente percibo a los ángeles, era diferente esta vez a cualquier ángel que había sentido antes. Sentí que el fuego se elevaba desde los pies de este ser. Era una sensación como si estuviera en una lata de 7-Up. Le pregunté a Brian lo que escuchó y el recibió la palabra Serafín. Un nuevo viaje había comenzado. Este viaje de aprendizaje sobre discernir los serafines tomaría varios años.

110

Después de regresar a casa en Texas, empecé a hacer algunas investigaciones sobre los serafines. Estos seres espirituales sólo se mencionan en Isaías 6 1-9:

El año en que murió el rey Usías, vi al Señor sentado en un majestuoso trono, y el borde de su manto llenaba el templo. Lo asistían poderosos serafines, cada uno tenía seis alas. Con dos alas se cubrían el rostro, con dos se cubrían los pies y con dos volaban. Se decían unos a otros: "¡Santo, santo, santo es el Señor de los Ejércitos Celestiales! ¡Toda la tierra está llena de su gloria!". Sus voces sacudían el templo hasta los cimientos, y todo el edificio estaba lleno de humo. Entonces dije: "¡Todo se ha acabado para mí! Estoy condenado, porque soy un pecador. Tengo labios impuros, y vivo en medio de un pueblo de labios impuros; sin embargo, he visto al Rey, el Señor de los Ejércitos Celestiales". Entonces uno de los serafines voló hacia mí con un carbón encendido que había tomado del altar con unas tenazas. Con él tocó mis labios y dijo: "¿Ves? Este carbón te ha tocado los labios. Ahora tu culpa ha sido quitada, y tus pecados perdonados". Después oí que el Señor preguntaba: "¿A quién enviaré como mensajero a este pueblo? ¿Quién irá por nosotros?". Aquí estoy yo —le dije—. Envíame a mí. Y él me dijo: —Bien, ve y dile a este pueblo: "Escuchen con atención, pero no entiendan; miren bien, pero no aprendan nada".

Serafín es la forma plural de la palabra hebrea *seraph*, y significa "el ardiente." Me di cuenta de que cuando sentía el movimiento de la unción viniendo, yo estaba discerniendo en realidad, el fuego que venía de los pies de estos seres espirituales. Observe también que la escritura dice que estos seres son adoradores. Ellos constantemente están clamando "¡Santo, Santo, Santo!"

Varios años después, en Honolulu, Hawái, yo estaba dando mi primera conferencia en las Islas. Un grupo de pastores se había reunido y yo los estaba acompañando a través del entrenamiento en liberación generacional y discernimiento. Ya había echado un vistazo a todas mis notas porque el Señor nos guiaba hacia nuevas direcciones. ¡No estaba preparado para lo que iba a ocurrir a continuación!

Inesperadamente, empecé a discernir serafines. Cuando el Señor da a conocer un ser espiritual en una reunión, es una señal para mí, que debo permitirle que nos dirija hacia una nueva dirección. Pero, ¿qué iba a hacer? Empecé a caminar alrededor y me di cuenta de que había un altar espiritual en el centro de la habitación. Podía sentir el fuego en el altar y los serafines flotando sobre el altar. Fui dirigido nuevamente a Isaías 6.

Isaías, en una visión abierta, está teniendo un encuentro con el Señor. Él ve la gloria del Señor. Es un espectáculo de "luz y sonido". Allí, está el Señor en toda Su gloria. Él escucha el sonido de los serafines, un sonido tan fuerte que sacude un pilar del templo de Dios. Isaías está aterrorizado. "¡Ay de mí, que soy muerto! ¡Yo soy un hombre de labios impuros y habitando en medio de pueblo que tiene labios inmundos, porque mis ojos han visto al Rey!" A continuación, uno de los serafines toma un carbón del altar. Creo que este es el altar de oro, que se encuentra en el lugar santo. El carbón es llevado a los labios de Isaías y su pecado generacional (iniquidad) y su pecado personal son quitados. Entonces el Señor le hace una pregunta: "¿A quién enviaré? ¿Y quién irá por nosotros?" Hay una respuesta de Isaías. "Aquí estoy: envíame." Por último, es encomendado por el Señor, "Ve, y di a este pueblo…"

¡Supe lo que iba a hacer! Invité a los pastores a venir al altar espiritual para que el Señor haga lo que Él había hecho con Isaías. Uno por uno, se reunieron en torno al altar espiritual de incienso en el centro de la habitación. La poderosa y gloriosa presencia del Señor, llenó la habitación. Lágrimas fueron derramadas. Corazones fueron tocados. Se tomaron decisiones. Vidas fueron cambiadas.

El Señor nos había llevado al reino celestial. Fue otra parada en mi Excursión al Cielo.

Capítulo Doce

Chuck Pierce tenía razón. En febrero del 2004, escribió que las puertas serían abiertas ese año. Estas puertas no serán cerradas. Fue en el 2004, que el Señor comenzó a madurar mi comprensión de las puertas en los lugares celestiales. El viaje ha sido fascinante y constante.

Hace varios meses me desperté a las 11:22, 12:22, 1:22 2:22, etc. ¡Era evidente que había algo con el 22! Luego el Señor me llevó a Isaías 22:22 – *"Le daré la llave de la casa de David, la posición más elevada dentro de la corte real. Cuando él abra puertas, nadie podrá cerrarlas; cuando él cierre puertas, nadie podrá abrirlas"* Pensé, debe haber algo con este verso... ¿pero qué?

Semanas más tarde, durante un taller de capacitación en Aslan's Place, mientras hablaba con un joven, comencé a sentir una extraña sensación en mi lado izquierdo, algo así como ácido. Mientras el joven comenzó a mirar más allá de mi hombro izquierdo, tenía una expresión de terror como la de alguien viendo una horrible escena.

"¿Qué es lo que estás viendo?" Le pregunté.

"Vi una puerta abierta y a un ser aterrador de pie en la puerta. Él te está mirando en este momento y no está contento."

Mi don de discernimiento me llevó a creer que estaba experimentando algún tipo de nueva revelación. Estaba sintiendo un frío extremo en el lado izquierdo de mi cuerpo. Me di cuenta que estaba discerniendo una "fuerza espiritual", un ser que había encontrado varias veces antes. Yo sabía que el ser no era malo, pero justo. ¿Por qué estaba presente?

"¿Por qué no está feliz?" Le pregunté.

El joven respondió: "El Señor dice que hay paredes que te rodean que tienen que derrumbarse para que Él pueda lograr lo que quiere."

Eso era todo lo que necesitaba. Oré, "Señor remueve las paredes." Inmediatamente, el ser dio un paso a través de la puerta y derramo una unción del Señor sobre mí. Él luego volvió por la puerta y la puerta se cerró. El Señor me acababa de enseñar a discernir las puertas en los lugares celestiales.

Durante las siguientes semanas y meses, una puerta bíblica de información se me abrió. El Señor me mostró escrituras a lo largo de Su Palabra.

Y fui a Apocalipsis *3:7-8,*

"Escribe esta carta al ángel de la iglesia de Filadelfia. Este es el mensaje de aquel que es santo y verdadero, el que tiene la llave de David. Lo que él abre, nadie puede cerrar, y lo que él cierra, nadie puede abrir. Yo sé todo lo que haces y te he abierto una puerta que nadie puede cerrar. Tienes poca fuerza; sin embargo, has obedecido mi palabra y no negaste mi nombre.

Isaías 45:1-3, Esto le dice el Señor a Ciro, su ungido, cuya mano derecha llenará de poder. Ante él, los reyes poderosos quedarán paralizados de miedo; se abrirán las puertas de sus fortalezas y nunca volverán a cerrarse. Esto dice el Señor: Iré delante de ti, Ciro, y allanaré los montes; echaré abajo las puertas de bronce y cortaré las barras de hierro. Te daré tesoros escondidos en la oscuridad, riquezas secretas. Lo haré para que sepas que yo soy el Señor, Dios de Israel, el que te llama por tu nombre."

En una conferencia empecé a discernir la apariencia de las puertas celestiales. Tuve la impresión de que iba a tener a los presentes caminando a través de esas puertas. La experiencia fue increíble. A medida que cada persona vino a las puertas espirituales que estaban a mi lado, él / ella confirmaban, que efectivamente, había algo allí. Mientras atravesaban las puertas, el poder de Dios venía sobre ellos. Muchas de estas personas tuvieron que ser llevados a otra parte de la habitación, porque no podían caminar.

Desde la revelación inicial, muchos han pasado por estas puertas celestiales dentro de habitaciones celestiales. Algunos han visto puertas dobles. A veces, las puertas parecen ser antiguas. A medida que se acercaban a la puerta, yo podía discernir una llave en su hombro. Después de pasar por las puertas, las personas creían que el Señor les había dado una nueva revelación.

Apocalipsis 4:1, "Entonces, mientras miraba, vi una puerta abierta en el cielo, y la misma voz que había escuchado antes me habló como un toque de trompeta". La voz dijo: "Sube aquí, y te mostraré lo que tiene que suceder después de esto". Es claro que por medio de este pasaje sepamos que las puertas son celestiales. Efesios 2:6 declara que se nos levantó de los muertos junto con Cristo y nos sentó con él en los lugares celestiales, porque estamos unidos a Cristo Jesús. Cuando pasamos por las puertas, entramos en lugares celestiales. Es importante tener en cuenta que no estamos sentados en un lugar, sino en lugares.

El Señor sigue enseñándome acerca de las puertas celestiales. Una noche me despertó y me dio esta escritura. "Pedid, y se os dará; buscad y encontrarás; llamad, y se os abrirá. Porque todo el que pide, recibe; y el que busca, halla; y al que llama, se le abrirá" Mateo 7:7-8. Después de haber memorizado este versículo como un niño, comprendí su significado. ¿Podría este versículo indicar la posibilidad de ir a través de las puertas celestiales?

¿A dónde vamos cuando atravesamos las puertas? He dado este mensaje en varios lugares y ahora sé el porqué. Hay muchas puertas, que conducen a muchas habitaciones diseñadas para albergar muchas cosas. Ahora, cuando discierno la puerta, invito a cada persona que vaya a través de ella. Sus reportes son increíbles. Cada persona ve la puerta de una manera diferente y ellos entran en habitaciones exclusivas para ellos. Lo que tiene lugar en las habitaciones no es sólo una transacción espiritual no verificable, pero, muchos experimentan sanidades físicas y emocionales, y encuentros milagrosos con el Señor.

¡Este es un hecho notable! Como dice en Isaías 22:22, ¡el Señor ha prometido que las puertas que se abren, no se cerrarán! Así que las puertas que se abrieron en el 2004, permanecen abiertas.

¿Qué son esas puertas? ¡Creo que algunas de estas puertas son puertas en la línea familiar que llevan a las habitaciones celestiales a las que nunca se ha accedido a través de su historia generacional! Muchos de los que han caminado a través de estas puertas han visto estructuras muy antiguas. Tienen un conocimiento interior de que detrás de esas puertas están los recursos que sus antepasados nunca se habían molestado en obtener. Con entusiasmo ellos caminaron a través de esas puertas para recuperar su herencia.

La revelación acerca de las puertas ha sido una revelación que se ha ido desplegando. Mientras yo estaba pensando en las puertas,

118

comencé a preguntarme sobre las puertas en la escritura. ¿Eran lo mismo las puertas que los portales? No pasó mucho tiempo después de que estas ideas me vinieran a la cabeza, cuando las puertas aparecieron en una conferencia. Un pensamiento pasó por mi mente, obviamente que puesto por el Señor. Yo tenía a alguien de pie, lejos de donde sentí que había algo espiritual, para ver si había algo allí. Mientras la persona se paraba en ese lugar, me di cuenta de que, efectivamente, había algo allí y percibí que era una puerta. Pedí confirmación y los videntes en la conferencia estuvieron de acuerdo con que había una puerta en ese lugar. Ahora creo que los portales, son entradas a los lugares celestiales (dimensiones) y que las puertas son entradas a las habitaciones que se encuentran en los lugares celestiales.

¿Qué puertas hay allí? ¿Qué habitaciones están disponibles?

Lista de Habitaciones en los Lugares Celestiales

Trono

Sabiduría

Entendimiento

Consejería

Tesoro

Guardarropa

Arte (Artístico)

Música

Juegos

Jardín (Refrigerio)

Entrenamiento Básico

Enfermería

Cuarto de Cirugía

Cuarto de Recuperación

Lágrimas (llanto)

Intercesor

Arsenal

Gozo

Piscina

Cuarto de Esther

Campamento de David

Cuarto de Espera

Gimnasio

Almacén / Despensa

Adoración

Coronamiento

Paz

Idiomas

Unción

Estrategias

Nuevos Corazones

Guardería

Nacimiento

Revelaciones Divinas

Impartición

Equipamiento

Cuarto de la Casa Blanca

Bodega

Cuarto del Horno

Cuarto de Trabajo (Dios con Jack Hammer)

Piedras del Cuarto de Fuego

Cuarto de la Concepción

Cuarto del Predicador

Discernimiento

Cuarto de Partes del Cuerpo Espiritual

Cuarto para Sentarnos a los Pies de Jesús (como María)

Cocina

Cuarto del Copero

Cuarto de las Ofrendas (Ej. La Ofrenda de Levítico)

Entronar

Comodidad

Activación del Escuchar

Aposento de Salomón

Cuarto Antiguo de los Profetas

Matemáticas

Nombre

Historia

Salón de Baile (danza)

Cometa

Cancha de Básquetbol

Chupetines

Cuarto de las Pelotas

Cuarto de Ducha

Parque de atracciones - palabras que salen de la boca

Cuarto de Enseñanza / Biblioteca (una sala de la biblioteca que lleva a otra, todas totalmente diferentes)

Jardín Antiguo

Demolición

Pajarera

Acuario

Nombramiento

Promesas

Computadora

Ministerio de los Corazones Rotos

Humildad

Amor

Fe

Torre del Cuarto de la Victoria (ver lo que Dios está haciendo en la tierra)

Cuarto de Envíos

Logística

Perdón

Dormitorio

Tiempos y Estaciones

Fuente

Viñedo

Cuarto de la Audiencia

Fuera de Control / Rendición

Entrega

Piscina para Niños / Río de Dios

Abandono Radical

Cuarto de los Rollos

Navegación

Joyas

Llaves para Desbloquear los Pozos

Dones para los Niños

Pasando Tiempo con Jesús

Paraíso

Esperanza

Nuevo Nacimiento

Destino

Pilar

Gloria de Dios

Señales de Conocer los Tiempos

Unción de Sanidad

Sueño

Código del Cuarto a la Planta de Energía de Dios

Oración

Lugar Sagrado

Trampolín para una Visión Superior

Lanzamiento

Luto

Dolores de Parto

Cachorros Crecidos a Reyes

Generacional

Restauración del Nombre Familiar

Restauración de la 'Imagen de Dios' Perdida en la Caída.

Secretos Celestiales

Heráldica

Unción para Sanidad

Victorias de Guerra

Honor – Valor, Valentía y Sabiduría Táctica

Cuarto para Danzar Delante del Trono de Jesús

Restauración

Sin Responsabilidad

Cuarto de las Joyas Ralladas – Capacidad de Ver el Carácter de Dios

Cuarto del Elevador

Gracia, Palas de Ella

Realidad de Dios

Cuarto de Poder

Libertad de los Espíritus Religiosos

Comunión

Arco Iris (pacto)

Poder y Fuerza

Afirmación

Estudio de Danza con los Ángeles

Cuarto de los Rollos

General

Nutrir

Usted también puede atravesar esas puertas. Esta es otra parte de Nuestra Excursión al Cielo.

Capítulo Trece

Hace años, Dios me enseñó una valiosa lección. Después de criar a tres hijos en nuestra propia casa, mi esposa, Donna, y yo perdimos casi todo. Dios nos había despojado de gran parte de nuestras posesiones materiales, y nos mudamos a un departamento muy pequeño con solo las cosas que nos quedaban, un pequeño sofá, nuestra cama y un centro de entretenimiento. Una y otra vez, parecía que teníamos que morir por completo al mundo. Pero luego, el Señor comenzó a devolvernos todo lo que se había perdido, y comenzó con una gran contribución monetaria, que era más de lo que había recibido en un año como pastor bautista americano. Un par de meses más tarde, el mismo donante nos dio dos grandes regalos adicionales. Esta persona, nuestro benefactor, nos invitó a comer, viajamos a la zona de la bahía de San Francisco con gran entusiasmo de pasar juntos un tiempo maravilloso. Imagínese nuestra sorpresa cuando las primeras palabras que salieron de su boca fueron las siguientes: "¿Yo no sé por qué les di todo ese dinero? No me han ayudado ni a mí ni a mi hijo." Ahora, esta era una verdadera forma de apagar la posibilidad de tener una buena comida. Todavía recuerdo tener esa profunda sensación como- 'oh, tengo que salir de aquí.' - Más tarde él negó haber hecho tal declaración, pero Donna y yo lo escuchamos.

Volvimos a la casa donde nos alojábamos y había un profeta allí (ahora, yo nunca había pasado tiempo con profetas, ya que puede ser muy molesto). Donna se fue derecho a la cama. Ella estaba devastada, y me sentía horrible. Le dije al Señor: "Hice todo esto para tener un buen fruto y ahora ya no hay fruto." Pero luego mi molesto amigo profeta me dijo: "Sabes lo que el Señor está tratando de decirte." Yo dije: "No, no lo sé." Íbamos de un lado al otro, "Sí, que sabes", "No, no lo sé", "Sí, lo sabes", hasta que finalmente ¡admití que lo sabía! La razón por la que lo hago es porque quiero ser radicalmente obediente a Dios. Yo no hago lo que hago sólo por el fruto, sino porque Él me ha pedido que le obedeciera.

Con esa experiencia en mente, ofrezco este relato de la nueva revelación dada por Dios de la obediencia. Está escrito en la fe que Él lo usará para su honor y gloria. Primero, un poco de historia.

Pasamos el Año Nuevo del 2001 con un grupo de pastores en Hawái. Durante ese tiempo, el Señor me dio una palabra profética acerca de que el avivamiento en Hawái comenzaría en el 2004. Tan pronto como la palabra fue dicha, me pregunté, "¿Por qué dije eso?" Yo estaba mucho más aliviado cuando me enteré de que esta no era la primera vez que una palabra acerca de un avivamiento en el 2004 en Hawái había sido recibida.

En septiembre del 2003, tuve la visita de un amigo mío que es profeta, y él me dijo que yo iba a ir a Hawái a finales de año. Yo sabía que eso

134

era imposible porque mi calendario estaba lleno hasta el 2004. Pero, él demostró estar en lo correcto. Tuve una cancelación y fui invitado a Hawái para el Año Nuevo del 2004.

Volvimos a Hawái, y disfrutamos la celebración navideña masiva. Luego, dos días después, el domingo por la mañana, me desperté y me di cuenta de que mi cuerpo estaba vibrando. Fuimos a la iglesia, y yo hablé con un amigo que me contó que, efectivamente, él también estaba vibrando. Sin entender lo que estaba sucediendo, llamé a uno de nuestros intercesores en Minnesota y ella nos reveló que yo estaba vibrando a siete Hertz por segundo, pero ella no entendía lo que significaba. Varias semanas más tarde, la frecuencia había aumentado a 14 Hertz, y un tiempo después a 48 Hertz. Finalmente, en una conferencia en mayo, se elevó hasta 440 Hertz, la misma frecuencia con la cual vibro ahora. Otra vez llamé a nuestra intercesora, y le pregunté "¿Qué está pasando?" Ella recibió del Señor la palabra "Palmoni." Curiosamente, yo justo había estado leyendo *El Código de la Biblia* por Chuck Missler, y mencionó a Palmoni, que significa "un numerador de secretos." Esta es la palabra hebrea traducida como "el certero" en Daniel 8:1. "Durante el tercer año del reinado de Belsasar, yo, Daniel, tuve otra visión, después de la que ya se me había aparecido…"

Ya era hora de hacer una investigación sobre las vibraciones, y pronto descubrí algunas cosas asombrosas. Parece que la tierra está envuelta en un campo magnético en forma de dona con líneas circulares de flujo magnético que descienden continuamente y emergen en los polos norte y sur. La ionosfera, actúa como un conductor de ondas electromagnéticas, que está a sesenta y dos millas sobre la tierra. Consiste de una capa de partículas cargadas eléctricamente que actúan como un escudo de los vientos solares. Ondas naturales son creadas como resultado de la actividad eléctrica en la atmósfera, que se cree es causada por las tormentas eléctricas. Colectivamente, estas ondas se llaman "Resonancia Shuman", con la corriente más fuerte registrada de 7,8 Hertz. Recuerde, que yo estaba vibrando a un nivel de 7 Hertz en el principio. En otras palabras, yo estaba vibrando con la tierra. Pero no estamos destinados a vibrar con la tierra. Se supone que debemos estar en sintonía con el Señor.

Aún más sorprendente es el hecho de que hay sesenta y cuatro elementos básicos en el suelo que modulan, y son los mismos sesenta y cuatro elementos básicos que están en nuestra sangre. Hay una relación entre la sangre y las ondas geomagnéticas. El cuerpo vibra con normalidad, y de hecho ha habido estudios científicos que demuestran esto. En el 2004, un artículo en la revista *International Journal of Sports Medicine* afirma que cuando las vibraciones son aplicadas muy rápidamente a los músculos, los músculos pueden ejercitarse al mismo grado que si ejercitara por un período de dos semanas.

A continuación, se me dio una copia de *"Molecules of Emotion" ("Las Moléculas de la Emoción")* por Candice B Pert, una médica / investigadora del National Institute of Health. Ella afirma:

El primer componente de las moléculas de la emoción es una molécula encontrada en la superficie de la célula en el cuerpo y el cerebro llamado el receptor de opiáceos. El término receptor se utiliza para referirse a este hipotético componente del cuerpo que permite que la droga se adjunte entre sí y, por lo tanto, de alguna manera mística, inicie una cascada de cambios fisiológicos. Las moléculas más flexibles responden a pistas químicas por la vibración. Se menean, vibran excesivamente, e incluso zumban a medida que cambian de una forma a otra, moviéndose a menudo ida y vuelta entre dos o tres formas favoritas o conformaciones. En el organismo, siempre se encuentran unidos a una célula que flota en la superficie con un borde exterior aceitoso o mejor conocido como membrana. Los receptores tienen raíces enredadas en la membrana de fluido, que serpentean hacia atrás y adelante a través de ella varias veces, y que alcanzan lo profundo del interior de la célula. Básicamente, los receptores funcionan como escáneres de moléculas de detección. Así como nuestros ojos, oídos, nariz, lengua, dedos y piel actúan como órganos sensores, así lo hacen los receptores a nivel celular. Ellos flotan en las membranas de sus células, bailando y vibrando, esperando para agarrar mensajes acarreados por otras pequeñas criaturas vibrantes, también hechas de aminoácidos que vienen cruzando hacia lo largo, desactivando el líquido que rodea la célula. Nos gusta describir estos receptores como cerraduras, aunque eso no es del todo un término preciso para algo que está en constante movimiento y en baile de una manera errática y/o vibrando.

En otras palabras, esta molécula en la célula es el receptor que te hace sentir mejor cuando se toman ciertos medicamentos. La Biblia dice que toda la creación gime, como una vibración, a causa de la Caída. Sin embargo, la creación está esperando la manifestación de los hijos de Dios. Tenemos que dejar de vibrar con la creación caída y volver a donde fuimos creados para estar. Esto no es palabrería de la Nueva Era; es un hecho científico, y si podemos vibrar con Dios, podemos estar saludables. Así como están las cosas, todos estamos mal a causa de la caída. La Dra. Pert continúa diciendo:

Así que, si el flujo de moléculas no está dirigido por el cerebro, y el cerebro no es más que otro punto natural en la red, entonces debemos preguntarnos ¿de dónde viene la inteligencia – la información que corre por nuestro cuerpo y mente-? Sabemos que la información tiene una capacidad infinita para expandir y aumentar lo que está más allá del tiempo, el espacio, la materia y la energía. Por lo tanto, no podemos pertenecer al mundo material como lo percibimos con nuestros sentidos, sino que debe pertenecer a su propio reino, uno que puede experimentar como emoción, la mente y el espíritu. Otros lo llaman Dios.

Es un hecho científico que nuestras emociones están ligadas a algo fuera de nosotros mismos. La Dra. Pert continúa:

¿Qué es lo que fluye entre todos nosotros, vinculando y comunicando, coordinando e integrando nuestros muchos puntos? Son las emociones. Las emociones son los conectores que fluyen entre los individuos, moviéndose entre nosotros como empatía, compasión, tristeza y alegría. Creo que los receptores de nuestras células, incluso vibran en respuesta al péptido corporal extra, alcanzando un fenómeno que es análogo a las cuerdas de un violín en descanso resonando cuando se tocan las cuerdas de otro violín.

Eso se llama resonancia. Usted puede rasguear una guitarra en la clave C y otra guitarra comenzará a vibrar en la misma clave. La Dra. Pert está diciendo que estamos tan conectados que en realidad estamos afectando a los demás, pero que también hay algo fuera de todos nosotros que nos está afectando.

A esto le llamamos resonancia emocional, y es un hecho científico que podemos sentir lo que otros sienten. La unidad de toda la vida se basa en esta simple realidad. Las moléculas de la emoción están vibrando juntas.

Por lo tanto, si es que todos estamos vibrando juntos, ¿entonces con quién estamos vibrando?

Otro hecho científico que debe mencionarse es la Teoría de Supercuerdas. En la física, esto se llama la teoría del todo. Es la teoría que va más allá de la física cuántica. La física cuántica se trata de paquetes de energía, incluyendo los átomos, el núcleo, los electrones, etc. Los matemáticos han encontrado que hay algunos problemas de matemáticas que no pueden ser resueltos con la física cuántica. Sin embargo, la Teoría de Supercuerdas los resuelve y la conclusión básica es que detrás de toda la materia está la vibración. Esto es bíblico. Dios habló, una vibración, y la materia existió. Así que, detrás de todo lo que vemos, hay vibración.

A continuación, el Señor comenzó a darnos una idea bíblica sobre este fenómeno de vibración. Durante una reunión de campaña en Idyllwild, CA, el líder de adoración me preguntó si me acordaba de 2 Crónicas, capítulo 5. Le respondí afirmativamente, y comentó que se trata de un recuento de la dedicación del templo de Salomón. Incluso había predicado sermones sobre este pasaje. ¿Ha leído alguna vez algo en la Biblia, pero no notó realmente lo que decía? Al mirar más de cerca me di cuenta que, ¡esto es increíble! Las palabras estaban ahí mismo, igual que siempre, pero nunca las había visto de esta manera antes.

Luego los sacerdotes salieron del Lugar Santo. Todos los sacerdotes presentes se habían purificado, estuvieran o no de turno ese día. Los levitas que eran músicos —Asaf, Hemán, Jedutún y todos sus hijos y hermanos—, vestidos de mantos de lino fino, estaban de pie en el lado oriental del altar y tocaban címbalos, liras y arpas. A ellos se les unieron ciento veinte sacerdotes que tocaban trompetas. Los trompetistas y los cantores se unieron para alabar y dar gracias al Señor. Al son de trompetas, címbalos y otros instrumentos, elevaron sus voces y alabaron al Señor con las siguientes palabras "¡Él es bueno! ¡Su fiel amor perdura para siempre!" En ese momento una densa nube llenó el templo del Señor. Los sacerdotes no pudieron seguir con la celebración a causa de la nube, porque la gloriosa presencia del Señor llenaba el templo de Dios. 2 Crónicas 5:11-14

Examinemos este pasaje. Note la frase en el versículo 11, "y no guardaban sus turnos." Los sacerdotes en el Antiguo Testamento se establecieron para ministrar en veinticuatro divisiones y servirían en equipos, cada división por dos semanas, para un total de cuarenta y ocho semanas. Las semanas restantes serían festejos cuando se necesitarían a todos los sacerdotes al mismo tiempo, sirviendo *todos juntos*. La dedicación del templo sería una de esas ocasiones en que todos los sacerdotes estarían juntos, en unidad.

Vemos que los cantantes y todos aquellos con los instrumentos musicales "eran como uno, para hacer un sonido." Ellos no cantaron una canción; sino que hicieron un sonido. Hicieron una *vibración*, "para ser escuchada en la alabanza y dando gracias al Señor."

Luego, cantaron las palabras de elogio: *"Porque él es bueno, porque para siempre es su misericordia."* Mire lo que sucedió cuando hicieron este sonido. La Biblia nos dice que la casa del Señor se llenó de una nube de Su gloria, tanto que los sacerdotes no pudieron continuar ministrando. En otras palabras, *¡Dios apareció!*

Así, vemos, que hay una relación entre los sonidos y las palabras y la gloria que viene. ¿Por qué dijeron estas palabras en particular? He meditado sobre esto y he llegado a comprender que cuando la vida viene a nosotros con todo lo que eso conlleva, nuestra respuesta debe ser siempre que su amor perdura para siempre. Cuando veamos la vida así, entonces experimentaremos Su gloria.

Mi nieto, Cody, nació con higroma quístico y quirúrgicamente lo cortaron de oreja a oreja cuando tenía sólo 2 días de edad; su pequeño rostro estaba deformado, pero vea, "Él es bueno; Su gran amor perdura para siempre." Cuando un accidente de auto trágicamente hiere o mata a alguien que amamos, nos preguntamos, "¿Por qué Dios hace eso? Decimos: "Porque Él es bueno, porque su amor perdura para siempre." Cuando alguien que amamos tiene cáncer o alguna otra enfermedad devastadora, nuestra respuesta debe ser: "Porque Él es bueno; Su amor perdura para siempre."

Esto contradice todo lo que el mundo dice que es cierto. Basta con escuchar lo que los medios dijeron cuando el tsunami golpeó la ciudad o incluso lo que los teólogos dijeron. Todos ellos proclamaron que Dios tenía sus razones. ¡Eso es un montón de tonterías! ¿Por qué no le echamos la culpa al enemigo por lo que hace el enemigo? ¿Por qué llamamos tales desastres actos de Dios? Vea, "Porque Él es bueno; Su gran amor perdura para siempre." Estas palabras vuelan en contra de todo lo que en la enfrentamos en la vida. Los sacerdotes cantaron, y a Dios le gustó porque era, y sigue siendo la verdad.

Pero todavía hay más en este pasaje. Había 120 trompetistas. El único otro lugar en toda la Biblia donde se menciona el número 120 se encuentra en el aposento alto. ¿Y qué pasó cuando los 120 se reunieron en unidad? El poder de su Espíritu cayó. ¿Cree que puede haber correlación? Yo si lo creo. La traducción al inglés "unánimes" en Hechos 1:14 es del Medio Inglés y la palabra del Francés Antiguo "acuerdo" que deriva de la palabra latina que significa "estar en un solo corazón". La palabra griega es *homothumadon*, lo que significa "con una mente, de común acuerdo, con una pasión." Se trata de una palabra única que se usa doce veces, que es el número para el gobierno. Esta palabra se utiliza diez veces en Hechos. *Homothumadon* es un compuesto de 2 palabras, y significa correr juntos al unísono. "La imagen es casi musical."

Piense en las vibraciones como una serie de notas o sonidos, que, aunque diferentes, armonizan con el tono y el tono como los instrumentos de un gran concierto que se mezclan bajo la dirección de un maestro de conciertos. De la misma manera, el Espíritu Santo mezcla a la perfección la vida de los miembros de la iglesia de Cristo que estén de común acuerdo. Literalmente significa estar entrelazados, codo a codo con un propósito. Esto es unidad.

En el Evangelio de Juan, se nos dice que el Señor Jesús oró porque el Padre haría a sus seguidores *uno* para que el mundo supiera que habían sido enviados por el Padre. La unidad es un increíble vehículo de la evangelización, sin embargo, es tan difícil de lograr en la iglesia. Sin embargo, el Señor todavía nos quiere convertir en *uno*.

Recuerde en el momento de la Torre de Babel, cuando el Señor dijo: "He aquí el pueblo es uno, y todos ellos tienen un idioma, y esto es lo que hacen; ahora nada de lo que se proponen hacer será retenido de ellos. *Vamos, pues, descendamos, y confundamos allí su lengua, para que ninguno entienda lo que habla su compañero" Génesis 11: 5-6*

¿Por qué la unidad es tan importante? Se debe a que ya sea para bien o para mal, hay un principio espiritual de la unidad. ¿Qué pasaría si hubiera una iglesia de Jesucristo en un lugar que finalmente estuviera en completa unidad? Yo declararía que no hay ningún edificio en el mundo que pudiera sostener una iglesia de ese tamaño. Pero luchamos contra ella. Tenemos nuestras propias opiniones de sobre cómo deberían hacerse las cosas. Aun así, el Señor quiere que seamos uno.

Un pasaje clave en mi vida, me fue dado primero proféticamente a principios de los 90's, y después de nuevo durante un viaje reciente a

Hawái, es el Salmo 133. Mira lo que sucede cuando los hermanos están juntos en armonía, la unción fluye.

¡Qué maravilloso y agradable es cuando los hermanos conviven en armonía! Pues la armonía es tan preciosa como el aceite de la unción que se derramó sobre la cabeza de Aarón, que corrió por su barba hasta llegar al borde de su túnica. La armonía es tan refrescante como el rocío del monte Hermón que cae sobre las montañas de Sion. Y allí el Señor ha pronunciado su bendición, incluso la vida eterna. Salmo 133

Después de haber dado este sermón sobre vibraciones en Kaneohe, Hawái un hombre se acercó a mí y me dijo que el Señor le había dicho que debería de dar una cantidad específica en la ofrenda de amor, que fue tomada para mí antes de que yo predicara. La cantidad era $133.12. Le preguntó al Señor por qué esa cantidad y el Señor le dijo que fuera al Salmo 133: 1 y 2. El Señor había confirmado de una manera milagrosa lo que Él antes me había estado enseñando.

Déjeme poner todo esto junto. Originalmente empecé vibrar a 7 Hertz, y ahora estoy vibrando a 440 Hertz. Esta es la clave de A. Un hecho interesante acerca de la clave A es que se usa para afinar instrumentos musicales a nivel internacional. No puedo probarlo, pero creo que este es el sonido que hicieron en la dedicación del templo. Recuerde que ellos cantaron el sonido y en el sonido ellos proclamaron las palabras: "Porque Él es bueno y Su gran amor

145

perdura para siempre." La palabra para amor, *hesed*, se refiere al pacto de amor de Dios, el amor de madre de Dios.

A medida que la vibración continuaba, empecé discernir a Palmoni, y algunas personas también empezaron a ver a Palmoni, describiendo este ser espiritual como una vibrante columna viviente. En una de nuestras reuniones de campaña en Aslan's Place, varios videntes intercesores vieron otras dos columnas de pie junto a Palmoni. Cuando estábamos explorando lo que estaban discerniendo, una amiga nuestra que es intercesora y vive a dos horas de distancia llamó para decirnos que ella acababa de recibir un pasaje del Señor. Este pasaje tenía algo sobre columnas. Siempre estoy agradecido cuando el Señor confirma las nuevas ideas que Él nos está dando, especialmente porque a menudo me siento que estoy caminando por un acantilado cayendo en la locura. Estamos en un camino de fe, ¡pero también queremos confirmar que lo que estamos recibiendo es de parte del Señor! El pasaje que ella me dio en el teléfono era 1 Reyes 7: 15-21. Este pasaje está en el contexto de la construcción del templo de Salomón.

Huram fundió dos columnas de bronce, cada una tenía ocho metros con treinta centímetros de alto y cinco metros y medio de circunferencia. Para la parte superior de las columnas, fundió capiteles de bronce, cada uno tenía dos metros con treinta centímetros de alto. Cada capitel estaba decorado con siete conjuntos de enrejado y cadenas entrelazadas. También rodeó el enrejado con dos filas de granadas, para decorar los capiteles en la parte superior de las columnas. Los capiteles de las columnas que estaban dentro de la antesala tenían forma de lirios, y medían un metro con ochenta centímetros de alto. Los capiteles sobre las dos columnas estaban rodeados con doscientas granadas ubicadas en dos filas al lado de la superficie redondeada, junto al enrejado. Huram puso las columnas a la entrada del templo, una hacia el sur y la otra hacia el norte. A la del sur la llamó Jaquín, y a la del norte, Boaz. 1 Reyes 7:15-21

Jaquín significa, "él la establecerá", y Boaz significa "la fuerza de la juventud." Hay algunas pruebas de que Jaquín puede referirse a Salomón como el instaurador del templo y Boaz se refiere a David como el joven guerrero. Estas columnas eran dos columnas de pie en el templo de Salomón. Cuando Palmoni aparece en nuestras reuniones, hemos visto también aparecer estas dos columnas. Entonces hacemos que la gente camine a través de Palmoni y las dos columnas para que Dios pueda volver a sintonizarlos para que vibren con Él. Esto suena extraño, sobre todo para la gente como yo ¡que somos bautistas!

Cuando la gente camina a través de Palmoni, hemos visto el poder indescriptible de Dios venir sobre ellos. Muchas de estas personas han comenzado a temblar y a vibrar. Algunos caen al suelo y no pueden ponerse de pie. Muchos se sorprenden cuando se acercan, pensando que no hay nada presente, pero se sorprenden cuando la presencia manifiesta y la gloria del Señor cae sobre ellos.

Observe este pasaje de Colosenses 1 como está registrado en la *Nueva Traducción Viviente (NTV)*

Cristo es la imagen visible del Dios invisible. Él ya existía antes de que las cosas fueran creadas y es supremo sobre toda la creación, porque, por medio de él, Dios creó todo lo que existe en los lugares celestiales y en la tierra. Hizo las cosas que podemos ver y las que no podemos ver, tales como tronos, reinos, gobernantes y autoridades del mundo invisible. Todo fue creado por medio de él y para él. Él ya existía antes de todas las cosas y mantiene unida toda la creación. Cristo también es la cabeza de la iglesia, la cual es su cuerpo. Él es el principio, supremo sobre todos los que se levantan de los muertos. Así que él es el primero en todo. Pues a Dios, en toda su plenitud, le agradó vivir en Cristo, y por medio de él, Dios reconcilió consigo todas las cosas. Hizo la paz con todo lo que existe en el cielo y en la tierra, por medio de la sangre de Cristo en la cruz. Colosenses 1:15-20

Permítame que le recuerde mi ejemplo de apertura, de la lección que el Señor me enseñó. Hacemos esto por la fe. Y, ahora tenemos dos personas, ambas mujeres con Trastorno de Identidad Disociativo, quienes fueron totalmente íntegras al caminar a través de las columnas. También hemos visto a personas sanadas. Se trata de un nuevo tipo de liberación. Cada vez que hacemos esto, la gente va a través de un nuevo nivel de liberación. Este testimonio de una mujer es increíble:

En el 2002, el Señor me reveló que yo tenía Trastorno de Identidad Disociativo, anteriormente conocida como Trastorno de Personalidad Múltiple. Mi consejero de oración y yo pasamos un año invitando a mis diferentes partes a salir de su escondite y contar sus historias. Fue entonces cuando me enteré de que mi familia había estado involucrada con el ocultismo cuando yo era muy joven. El abuso ritual satánico fue la causa de mi trastorno. Después pasamos un año y medio trayendo sanidad a cada uno de mis recuerdos y de mis partes. Mi esposo y yo habíamos asistido a una conferencia de discernimiento del Dr. Paul L. Cox en Kitchener, Ontario, Canadá, y retirábamos periódicamente objetos fuera el cuerpo del otro. Estábamos encantados de oír que el Dr. Paul estaría en Nueva Jersey en diciembre del 2004 y que Dios quería que nosotros asistiéramos. Mi vida cambió para siempre. La presencia de Dios estaba llenando la sala de las reuniones, y al igual que los sacerdotes en 2 Crónicas 5, yo no podía pararme. Una de las veces caí al suelo cuando entramos a los lugares celestiales de Dios. Entré en la habitación de las lágrimas, y por primera vez en mi vida, tuve la oportunidad de gritarle a Dios. Desde entonces he llorado baldes de lágrimas. Este fue un gran don de sanidad de Dios para mí. Al día siguiente, Paul habló sobre la teoría de las supercuerdas y de la necesidad del cuerpo de Cristo de que vuelva a vibrar al unísono. Paul mencionó que en una de sus conferencias a alguien con TID que volvió a la normalidad durante un tiempo de adoración, donde todos los presentes cantaron 2 Crónicas 5:13: "Los trompetistas y los cantores se unieron para alabar y dar gracias al Señor. Al son de trompetas, címbalos y otros instrumentos, elevaron sus voces y alabaron al Señor con las siguientes palabras: Porque el Señor es bueno y su gran amor perdura para siempre." Oré: "Dios si quieres hacerme íntegra, yo lo recibo." Comenzamos a cantar, a medida que Dios puso la melodía en nuestras cabezas, "El Señor es bueno, su gran amor perdura por siempre. El Señor es bueno, su gran amor perdura por siempre." Cantamos esto una y otra vez. Dios me habló mientras me postraba en el suelo. Él me dijo que ya no necesitaba mis animales de peluche, que ya no tenía que hacer más oraciones de protección. Yo sabía que había sido hecha íntegra, unida y hecha completa. Alabo a Dios por su misericordia y Su gracia hacia mí. Él preservó mi vida y me restauró a su creación original. Ya no escucho voces. Puedo leer la Biblia con entendimiento y enfoque. Puedo reír y llorar, puedo cantar un canto nuevo.

La Biblia dice que cuando cantaban el sonido, los sacerdotes no podían mantenerse de pie. Nosotros somos real sacerdocio, y Él nos quiere volver a sintonizar para vibrar al unísono con Él. Actuemos en fe. No limitemos a nuestro Dios. Nunca sabemos lo que Dios va a hacer, pero sí sabemos, que si estamos en una vibrante armonía con el Rey de Reyes y Señor de Señores, algo va a cambiar dentro de nosotros.

¿Dónde tiene lugar todo esto – en los Reinos Celestiales? Otra parada en nuestra Excursión al Cielo.

Capítulo Catorce

Hay numerosos, relatos recientes de profetas contemporáneos que han participado en consejos ante el Señor, yendo a la corte del Señor y a Su consejo e n los lugares celestiales. Este es un concepto que es nuevo para muchos, si no lo es para la mayoría de nosotros. Sin embargo, la Biblia dice que estamos sentados con Cristo en lugares celestiales (Efesios 2:6), y hay una multitud de pasajes que hablan de dichos consejos. También hay evidencia en las escrituras de que el Señor está interesado en escuchar nuestras quejas. Dios se movió poderosamente en las vidas de aquellos que atendieron dos de nuestras conferencias cuando fuimos guiados a entrar Su corte. En el siguiente relato, Compartiré algunos de los detalles junto con escrituras que corroboran nuestras experiencias. Todo comenzó con un sueño en octubre 29 del 2004.

Yo estaba en una silla de ruedas, esperando a ser soltado a través de una puerta unos escalones abajo. Había mucha gente presente, vestida para una ceremonia de graduación. Esperé por un rato hasta que me dijeran que era el siguiente, pero era claro que no podría bajar los escalones sin ayuda. En ese momento, pensé que el sueño podría significar que estábamos preparándonos para graduarnos a un nuevo nivel, que iba a haber un corto período de espera hasta que esto tomara lugar, y que iba a tener que apoyarme en otros por ayuda.

En diciembre del 2004, participamos de una conferencia de sanidad que fue realizada en Regent University en Virginia Beach, Virginia. El viernes por la noche, mi esposa Donna, tuvo que ir a la sala de emergencias, por su alta presión. Esto fue algo gracioso, considerando donde estábamos. Donna fue llevada en una camilla a la ambulancia. La gente preguntaba qué estaba haciendo ella allí, y su respuesta fue, "Estamos teniendo una conferencia de sanidad". En esa misma noche, en el espíritu, el río de Dios estaba fluyendo en una cascada que apareció en nuestra reunión.

Se suponía que la gente caminara a través de la cascada y fuera a través de la puerta. A medida que lo hicieron, caían bajo el poder de Dios. Decidí que también tenía que pasar a través de ella, pero cuando llegué a la cascada, mis pies se quedaron estancados. Fue la cosa más extraña, y pensé, "Ok, soy un hombre adulto. He estado haciendo esto por un tiempo; seguramente puedo mover mis pies." Pero, no podía mover mis pies.

Alguien tuvo la inteligente idea de sentarme en una silla de ruedas, luego con un hombre de cada lado, me levantaron y acarrearon a través de la puerta espiritual. En este punto, me di cuenta que estaba viviendo mi sueño. Aquí estaba yo, después de una corta espera, en la propiedad de Regent University siendo ayudado a atravesar la

152

puerta por otros. Pude sentirme atravesando la puerta y supe que me había graduado. No entendí por completo lo que esto significaba, pero continué diciendo. "Oh este es mi sueño."

¿Qué había pasado? Me había graduado a un nuevo tiempo en mi vida. La primera fase de mi entrenamiento había terminado y el Señor iba a poner todo lo que había aprendido en práctica. Esto es lo que pasa cuando uno se gradúa. Ya no es un estudiante, sino que usa lo que ha aprendido.

El tiempo pasó y en febrero del 2005, yo estaba hablando en una iglesia en Hawái. Y así de maravilloso como era estar en ese lugar precioso, tuve un problema. He estado en esa iglesia tantas veces que he presentado todo mi material de entrenamiento en el discernimiento. Era el lunes a la noche, pero se había corrido la voz de que yo estaba allí, y vinieron alrededor de 250 personas. Allí estaban, listos para escucharme hablar y yo no sabía lo que iba a hacer. Parado afuera con el pastor, era como siempre, un día maravilloso en Hawái, pero mi mente no estaba en la placentera temperatura y los alrededores. Yo estaba orando. Toda esta gente estaba adentro y yo no tenía un mensaje. De repente, me di cuenta que estaba discerniendo todo los seres espirituales que el Señor me enseñó a reconocer los últimos diez años- ángeles, serafines, querubines, ancianos, poderes, fuerzas espirituales. Todos ellos estaban allí. Cuando me di cuenta, lo que se suponía que tenía que hacer. Era tiempo de ir a un nuevo nivel. Ya no estábamos más

153

ubicados en la tierra física, sino que nos habíamos movido a los "reinos espirituales". Habíamos entrado a la asamblea celestial. ¿Hay alguna justificación bíblica para esto? ¡Sí!

Dios temible en la gran congregación de los santos, y formidable sobre todos cuantos están alrededor de él. Salmo 89:7. Como bautistas fuimos enseñados a mirar hacia adelante a un tiempo y lugar "en el cielo, en el mientras y mientras." Pero no es "el mientras y mientras", es ahora. Mientras no tenemos una total conciencia de los lugares celestiales, sin embargo se nos permite el acceso a ellos.

"Tú que decías en tu corazón: Subiré al cielo; en lo alto, junto a las estrellas de Dios, levantaré mi trono, y en el monte del testimonio me sentaré, a los lados del norte." Isaías 14:13. Por supuesto esta escritura está hablando de Lucifer, pero note que hay una montaña de la congregación. Hay un lugar donde se reúne la congregación.

Después de esto miraba yo en las visiones de la noche, y he aquí la cuarta bestia, espantosa y terrible y en gran manera fuerte, la cual tenía unos dientes grandes de hierro; devoraba y desmenuzaba, y las sobras hollaba con sus pies, y era muy diferente de todas las bestias que vi antes de ella, y tenía diez cuernos. Mientras yo contemplaba los cuernos, he aquí que otro cuerno pequeño salía entre ellos, y delante de él fueron arrancados tres cuernos de los primeros; y he aquí que este cuerno tenía ojos como de hombre, y una boca que hablaba grandes cosas.

154

Estuve mirando hasta que fueron puestos tronos, y se sentó un Anciano de días, cuyo vestido era blanco como la nieve, y el pelo de su cabeza como lana limpia; su trono llama de fuego, y las ruedas del mismo, fuego ardiente.

Un río de fuego procedía y salía de delante de él; millares de millares le servían, 88 y millones de millones asistían delante de él; el Juez se sentó, y los libros fueron abiertos. Daniel 7:7

Mire esto de cerca. Daniel está presente en la corte celestial. Muchos de nosotros hemos discernido este río. Se siente como un río de fuego.

Entonces él dijo: Oye, pues, palabra de Jehová: Yo vi a Jehová sentado en su trono, y todo el ejército de los cielos estaba junto a él, a su derecha y a su izquierda.

Y Jehová dijo: ¿Quién inducirá a Acab, para que suba y caiga en Ramot de Galaad? Y uno decía de una manera, y otro decía de otra.

Y salió un espíritu y se puso delante de Jehová, y dijo: Yo le induciré. Y Jehová le dijo: ¿De qué manera?

Él dijo: Yo saldré, y seré espíritu de mentira en boca de todos sus profetas. Y él dijo: Le inducirás, y aun lo conseguirás; ve, pues, y hazlo así. 1Reyes 22:19-22

Es importante entender esto. El Señor está llevando a cabo una reunión de consejo y hay seres justos e impíos presentes. Esto es difícil de entender. El Rey del Universo está teniendo una reunión, haciendo una pregunta, y esperando una respuesta. Aún más extraña es la presencia de un espíritu impío que está de acuerdo con hacer lo que Dios le dice que necesita ser hecho. Note esto, la escritura dice uno habló y el otro habló. Hubo una discusión. Esto es algo increíble. El Señor está interesado en lo que pensamos.

Y vi tronos, y se sentaron sobre ellos los que recibieron facultad de juzgar; y vi las almas de los decapitados por causa del testimonio de Jesús y por la palabra de Dios, los que no habían adorado a la bestia ni a su imagen, y que no recibieron la marca en sus frentes ni en sus manos; y vivieron y reinaron con Cristo mil años. Apocalipsis 20:4

Una vez más, los tronos son creados y juicios son hechos. Está es una ilustración de un proceso en la corte.

Dios está en la reunión de los dioses. En medio de los dioses juzga. ¿Hasta cuándo juzgaréis injustamente, y aceptaréis las personas de los impíos? Defended al débil y al huérfano. Haced justicia al afligido y al menesteroso.

Librad al afligido y al necesitado. Libradlo de mano de los impíos. No saben, no entienden. Andan en tinieblas. Tiemblan todos los cimientos de la tierra. Yo dije: Vosotros sois dioses, Y todos vosotros hijos del Altísimo. Pero como hombres moriréis, Y como cualquiera de los príncipes caeréis. Levántate, oh Dios, juzga la tierra; porque tú heredarás todas las naciones.

Oh Dios, no guardes silencio. No calles, oh Dios, ni te estés quieto. Porque he aquí que rugen tus enemigos, y los que te aborrecen alzan cabeza. Contra tu pueblo han consultado astuta y secretamente, y han entrado en consejo contra tus protegidos. Han dicho: Venid, y destruyámoslos para que no sean nación, y no haya más memoria del nombre de Israel. Porque se confabulan de corazón a una, contra ti han hecho alianza. Las tiendas de los edomitas y de los ismaelitas, Moab y los agarenos; Gebal, Amón y Amalec, los filisteos y los habitantes de Tiro. También el asirio se ha juntado con ellos; sirven de brazo a los hijos de Lot. Sean afrentados y turbados para siempre; sean deshonrados, y perezcan. Y conozcan que tu nombre es Jehová, Tú solo Altísimo sobre toda la tierra. Salmo 82-83:9, 17-18.

Entonces, aquí tenemos una petición hecha a Dios para justicia en contra de sus enemigos.

Un día vinieron a presentarse delante de Jehová los hijos de Dios, entre los cuales vino también Satanás. Job 1:6

Esta es una perfecta descripción del Rey sosteniendo la corte.

Bienaventurado el varón que no anduvo en consejo de malos, ni estuvo en camino de pecadores, ni en silla de escarnecedores se ha sentado; sino que en la ley de Jehová está su delicia, y en su ley medita de día y de noche. Será como árbol plantado junto a corrientes de aguas, que da su fruto en su tiempo, y su hoja no cae, y todo lo que hace, prosperará. *Por tanto, no se levantarán los malos en el juicio, ni los pecadores en la congregación de los justos. Salmo 1:1-3, 5*

Presten atención a estas palabras. Los hombres pueden escoger el consejo de los impíos, o puede deleitarse en el Señor y ser como un árbol plantado a la rivera de las aguas. También, hay una congregación justa y los hombres impíos no son bienvenidos allí.

Lejos de ti el hacer tal, que hagas morir al justo con el impío, y que sea el justo tratado como el impío; nunca tal hagas. El Juez de toda la tierra, ¿no ha de hacer lo que es justo? Génesis 18:25

El Señor es nuestro juez y Él hará lo que es justo a Sus ojos.

¿Qué pasa cuando venimos a Su asamblea o aparecemos ante Su corte? Tenemos permitido expresar nuestros sentimientos, todos ello, incluyendo aun nuestras quejas. Por cierto Dios está interesado en nuestras quejas. Yo creo que estamos entrando a una época en la cual tenemos el derecho de pararnos frente a Él, en la sangre de Jesús, para declarar nuestra queja y demanda en el nombre de Jesús y por el poder de Su sangre, este ataque del enemigo se detendrá. Podemos declarar que el enemigo no tiene más derecho por lo que Cristo ha hecho en la cruz.

En el libro de Josué, el Señor dice, "No te desanimes", pero regularmente caemos en el desánimo. Entonces, seamos honestos aun cuando no solemos ser necesariamente honestos en la iglesia. Tenemos quejas- no quejas de enojo o frustración hacia el Señor, pero quejas dirigidas a Dios en contra del enemigo, con respecto a las cosas que tienen lugar en nuestras vidas que no deberían estar sucediendo. Hay cuestiones que contradicen lo que dice la Palabra que yo debería de ser. Solo mire a Job. Él ciertamente puso sus quejas delante de Dios.

Está mi alma hastiada de mi vida; daré libre curso a mi queja, hablaré con amargura de mi alma. Diré a Dios: No me condenes; Hazme entender por qué contiendes conmigo. ¿Te parece bien que oprimas, Que deseches la obra de tus manos, Y que favorezcas los designios de los impíos? ¿Tienes tú acaso ojos de carne? ¿Ves tú cómo ve el hombre? ¿Son tus días como los días del hombre, O tus años como los tiempos humanos, Para que inquieras mi iniquidad, Y busques mi pecado, Aunque tú sabes que no soy impío, Y que no hay quien de tu mano me libre? Tus manos me hicieron y me formaron; ¿Y luego te vuelves y me deshaces? Acuérdate que como a barro me diste forma; ¿Y en polvo me has de volver? ¿No me vaciaste como leche, Y como queso me cuajaste? Me vestiste de piel y carne, Y me tejiste con huesos y nervios. Vida y misericordia me concediste, Y tu

159

cuidado guardó mi espíritu. Estas cosas tienes guardadas en tu corazón; Yo sé que están cerca de ti. Si pequé, tú me has observado, Y no me tendrás por limpio de mi iniquidad. Si fuere malo, ¡ay de mí! Y si fuere justo, no levantaré mi cabeza, Estando hastiado de deshonra, y de verme afligido. Si mi cabeza se alzare, cual león tú me cazas; Y vuelves a hacer en mí maravillas. Renuevas contra mí tus pruebas, Y aumentas conmigo tu furor como tropas de relevo. ¿Por qué me sacaste de la matriz? Hubiera yo expirado, y ningún ojo me habría visto. Fuera como si nunca hubiera existido, Llevado del vientre a la sepultura. ¿No son pocos mis días? Cesa, pues, y déjame, para que me consuele un poco, Antes que vaya para no volver, A la tierra de tinieblas y de sombra de muerte; Tierra de oscuridad, lóbrega, Como sombra de muerte y sin orden, Y cuya luz es como densas tinieblas. Job 10

También hay muchas quejas registradas en los Salmos.

Escucha, oh Dios, mi oración, Y no te escondas de mi súplica. Está atento, y respóndeme; Clamo en mi oración, y me conmuevo, A causa de la voz del enemigo, Por la opresión del impío; Porque sobre mí echaron iniquidad, Y con furor me persiguen. Mi corazón está dolorido dentro de mí, Y terrores de muerte sobre mí han caído. Temor y temblor vinieron sobre mí, Y terror me ha cubierto. Y dije: ¡Quién me diese alas como de paloma! Volaría yo, y descansaría. Ciertamente huiría lejos; moraría en el desierto. Me apresuraría a escapar del viento borrascoso, de la tempestad. Salmo 55:1-8

Escucha, oh Dios, la voz de mi queja; guarda mi vida del temor del enemigo. Escóndeme del consejo secreto de los malignos, de la conspiración de los que hacen iniquidad, que afilan como espada su lengua; lanzan cual saeta suya, palabra amarga. Para asaetear a escondidas al íntegro; de repente lo asaetean, y no temen. Obstinados en su inicuo designio, tratan de esconder los lazos, Y dicen: ¿Quién los ha de ver? Inquieren iniquidades. Salmo 64:1-6

Con mi voz clamaré a Jehová; Con mi voz pediré a Jehová misericordia. Delante de él expondré mi queja; delante de él manifestaré mi angustia. Cuando mi espíritu se angustiaba dentro de mí, tú conociste mi senda. En el camino en que andaba, me escondieron lazo. Salmo 142:1-3

Una y otra vez la evidencia bíblica confirma nuestra necesidad de lidiar honestamente con nuestras quejas. ¿Por qué? Porque no podemos salir como un ejército desanimado sobre las cosas que han tenido y que no han tenido lugar en nuestras vidas. Hay necesidad de que haya una conexión entre nuestra vida cristiana y nuestra realidad. Muy seguido nuestra realidad es que estamos deprimidos, infelices, en problemas financieros, nuestros matrimonios no son buenos, nuestros hijos se han apartado, no nos llevamos bien con nuestros abuelos, no nos gustan nuestros parientes, y más y más. Luego, venimos a la iglesia, cantamos, nos sonreímos y nos vemos bien. Digamos la verdad. Eso es correcto; diga la verdad. Las buenas noticias es que Dios no está sorprendido de ninguna de nuestras situaciones de vida. Creo que Él nos está diciendo, "¿Por qué no has venido y te has quejado conmigo? ¿No hará lo correcto el Rey del Universo?"

El 11 de septiembre del 2005, durante la sesión final de la Conferencia Releasing the Warriors (Soltando a los Guerreros) en Ontario, California, el Señor una vez más nos llevó a participar en una corte celestial. Todos los seres espirituales llegaron a nuestra reunión, y el Señor nos llevó como grupo a los lugares celestiales. Lo que sigue es un relato de lo que sucedió.

Desde que estuvimos sentados en los lugares celestiales, llamamos a 12 (número apostólico) individuos al escenario para que sentaran como miembros del consejo en un medio círculo.

- Mis palabras a la congregación fueron, "Sea honesto. Piense en su vida personal- su matrimonio, su familia, su salud, sus finanzas. Si hay una queja en contra del enemigo que le gustaría traer delante del Señor, me gustaría que se ponga de pie. (Casi todos se pararon). Tengo una indignación justa que se levanta dentro de mí en contra del enemigo. Vamos a llevar nuestras quejas delante del Señor. Él ya sabe, pero quiere que nos involucremos. No estamos aquí solo esperando a morir. Tenemos algo que hacer y nos tenemos que ocupar de estas cuestiones. Algunos podrán decir esta es una vida normal. Pero, no tenemos que conformarnos con toda esta guerra en contra nuestra. ¡Suficiente es suficiente! ¡Suficiente es suficiente!

- Y luego oré, "Señor, te pedimos como el Rey de Reyes y como nuestro Juez, Señor, te pedimos que convoques al consejo. Señor, por fe subimos a los lugares celestiales donde estamos sentados, y Señor, te pido ahora que llames la reunión al orden. Padre, ahora estoy aquí con Tus hijos. Estos son aquellos que redimiste por Tu sangre. Estos son los que Tú amas y que has predestinado desde el comienzo de los tiempos, que serían parte de la Iglesia de Tu Hijo, Su novia. Y Señor no les va bien. El enemigo ha venido y los ha atacado, atropellado, golpeado, silenciado, asesinado, arruinado, desalentado, deprimido, ha traído locura, desesperanza, temor, miedo, ira y rabia en estos Tus hijos. Señor, emitimos esta queja en contra del enemigo. Decimos Señor que es tiempo, de acuerdo a nuestra opinión, que es suficiente. Porque Señor, queremos ser gente de guerra a la cual el mundo mirará y verá que somos victoriosos. Señor, Tú palabra dice a causa de la bendición que vendrá sobre Tu pueblo, el mundo sabrá que te pertenecemos. Ahora, Señor, esto no está sucediendo. Señor, hemos establecido un consejo aquí de los que están vivos. Señor, te pedimos que les hables y que les reveles Tus caminos, y Tu Palabra. ¿Señor, que nos dirías durante este tiempo?"

- Continué, "Ahora algo muy interesante sucedió. El Señor ha convocado a todo el mal que ha venido contra de ti y este mal está ahora presente en el salón celestial del consejo. El enemigo está siendo forzado a pararse en el consejo celestial y ¡no está feliz de estar allí! Los seres malignos están muy inquietos y agitados, pero han sido forzados dentro del consejo. Señor, creemos que has emitido un decreto para que vengan, entonces Señor si hay alguno que se niegue a venir, podrías tratar con todo lo que hay en la línea generacional de cada persona.

Ok, ahora hay más que vienen. Han sido convocados; están viniendo en hordas- todos los que te han oprimido. Hay mucha agitación ahora en los lugares celestiales. Usted ahora puede orar y mencionar su queja en contra del enemigo. Traiga esa queja frente al consejo y frente al Señor. Comience a hacer una lista de todas sus quejas. ¡Esta es una gran sorpresa! ¡El Señor ha convocado al enemigo a las cámaras del consejo!

Individuos fueron invitados a compartir lo que sea que escucharon o vieron del Señor, y numerosas quejas se levantaron. Se compartieron cuestiones personales como así también preocupaciones en cuanto a nuestro estado, nuestra nación e Israel. Algunas personas compartieron escrituras que el Señor les dio. Otros oraron, clamando la Señor por justicia y clamando por un juicio en contra del enemigo. Hubo una discusión con respecto a la necesidad del perdón, y a medida que la congregación entró en un tiempo de perdonar a otros, una mujer reportó, "Quería compartirles que cuando usted estaba hablando del perdón, lo demoníaco que había sido convocado a este lugar estaba retorciéndose de dolor. Así que a medida que continuaron perdonando, ustedes le causaban más dolor a los seres malignos." Otra mujer nos dijo. "Además de la variedad de seres espirituales, los ancianos están tomando nota de todo. Es muy importante. El ánimo en el ámbito celestial es extremadamente serio, como si estuviéramos en una corte. Todo está quieto; los ángeles están quietos; no se están moviendo alrededor. El ánimo es muy solemne y serio." Finalmente oré. "Señor Jesús, ahora te pido que consideres nuestros casos y juzgues. Señor, hablarás ahora a alguien en el grupo del consejo de la plataforma sobre el juicio que está siendo juzgado". Un miembro del consejo sentado en la plataforma respondió, "Solo puedo decirles lo que veo. No tengo las palabras. Todo lo que puedo decirles es que el enemigo está completamente rodeado por los ángeles. Ellos son los ángeles guerreros, y tienen sus espadas y el enemigo está arrinconado y rodeado. Ellos están esperando la palabra final del Señor".

Luego el Señor emitió un decreto, y el decreto era "Vete." Él causó que una liberación viniera sobre la congregación. Reporté, "El Señor está removiendo la enemigo. Él ha dicho, 'Vete'. ¡Y está pasando! Hay guerra en contra del enemigo. Los ángeles están sacado la basura espiritual de las líneas generacionales." Un vidente compartió, "La oscuridad está siendo succionada. Es como si algo está agarrando la maldad y la está succionando fuera de la habitación. Es violento; ¡es un acto violento en contra del enemigo!"

La sesión de la corte terminó a medida que nos juntamos a adorar, y el poder de Dios vino sobre nosotros. Habíamos entrado en Su presencia. Habíamos negociado con Dios en la presencia del enemigo. Nuestro Dios fue fiel para liberarnos. Él fue fiel a Sus promesas.

Hicimos una escala en el Consejo del Señor en nuestra Excursión al Cielo.

Capítulo Quince

Muchos años atrás, yo estaba fuera de Fairbanks, Alaska orando a través del edificio de una iglesia. No importa cuánto oraba, parecía que no podía conseguir un avance. Luego tuve la impresión de sentir cuatro líneas corriendo a través del centro de adoración. Sentí las líneas como una red, corriendo a través de lo largo y lo ancho de la habitación. Luego invité al pastor a limpiar la contaminación de estas líneas.

Inmediatamente, la atmósfera espiritual del centro de adoración cambió. Luego me di cuenta que necesitaba entender más al respecto de estas líneas.

En el mundo secular, estas líneas son llamadas "líneas ley.". Se dice que la palabra "ley" viene de la palabra sajona para 'claro', 'despejado'. Paul Devereux e Ian Thompson, en su libro, *The Ley Guide (La Guía Ley)* cita de Concise Oxford English Dictionary (Diccionario Conciso de Inglés de Oxford), que la palabra 'ley' puede ser ligada a 'lea (prado)' que significa una "pista a terreno abierto."

Las líneas ley fueron descubiertas el 30 de junio de 1921 por Alfred Watkins (1855-1935), un reconocido y respetado hombre británico de negocios local de Herefordshire. Mientras miraba un mapa en búsqueda de características interesantes, notó una línea recta que pasaba sobre las colinas a través de varios puntos de interés, todos eran lugares antiguos. En el momento de su descubrimiento, Watkins no tenía ninguna teoría sobre estas líneas, pero en esa tarde de junio vio 'en un instante' todo un patrón de líneas que se extendían a través del paisaje. Cuatro años más tarde, en 1925, describió su visión en un libro titulado, *The Old Straight Track (sin título en español, pero puede traducirse como La Antigua Vía Recta):*

Imagine una cadena extendida desde el pico de una montaña a otro pico de montaña, tan lejos hasta donde se alcanza a ver, y trazada hasta que alcanza los 'lugares más altos' de la Tierra a lo largo de una serie de crestas, lomas y montículos. Luego visualice un montículo, un movimiento de tierra circular, o un grupo de árboles plantados en estos puntos altos, y en los puntos bajos del valle otros montículos anillados alrededor con agua para ser vistos desde la distancia. Luego grandes piedras verticales traídas para marcar el camino en intervalos, y sobre una loma que subía hasta la cresta de la montaña o bajaba hasta un vado, la pista cortada profunda, a fin de formar una muesca de guía en el horizonte a medida que uno sube... Aquí y allá, a los dos extremos del camino, un faro de fuego utilizado para trazar la pista. Con estanques excavados en la línea, o arroyos como 'flashes' formando puntos que se reflejan en la pista como faro; para que pudiera ser chequeado, al menos una vez al año el faro era encendido en el día tradicional. Todas estas, están en la línea de avistamiento.

Watkins conjeturó que estas pistas rectas o líneas ley como él las llamaba al principio, eran los restos de prehistóricas rutas comerciales. Luego pasó a asociar las líneas ley con el dios griego Hermes (el dios romano, Mercurio; y el dios nórdicos, Odín), quien era el dios de la comunicación y de las fronteras, el mensajero alado, y el guía de los viajeros de los caminos desconocidos. Watkins identificó a Hermes-Mercurio como el dios principal de los druidas. La identificación de líneas ley como antiguas rutas comerciales fue tan lejos como Watkins estaba preparado para ir, a pesar de que numerosas líneas viajaban por las laderas empinadas. La especulación en cuanto a su significado y propósito continuó después de la muerte de Watkins en 1935.

Investigaciones de la NASA han encontrado caminos que atraviesan la selva montañosa de Costa Rica. Estos caminos, los cuales "siguen las líneas relativamente rectas" a pesar de las dificultades del terreno, han sido examinados a nivel del suelo desde el 500-1200DC. Los investigadores descubrieron que los caminos son 'caminos de muerte', y todavía se utilizan para llevar los cadáveres a la sepultura, y también para el transporte de lava, piedra volcánica, utilizada en la construcción de tumbas y paredes del cementerio. Ahora creemos que estas líneas ley conectan puntos de sacrificios malignos.

¿Hay alguna referencia bíblica de estas líneas ley? Antes de examinar cualquier referencia a líneas ley yo creo que hay un principio bíblico que debemos entender, que es que el enemigo no puede crear nada. Él sólo puede pervertir o corromper lo que el Señor ya ha creado. Si eso es verdad, entonces ¿hay una comprensión justa de estas líneas?

Isaías 35:8-9 nos puede dar una indicación de estas líneas justas:

"Un gran camino atravesará esa tierra, antes vacía; se le dará el nombre de Carretera de la Santidad. Los de mente malvada nunca viajarán por ella. Será solamente para quienes anden por los caminos de Dios; los necios nunca andarán por ella. Los leones no acecharán por esa ruta, ni ninguna otra bestia feroz. No habrá ningún otro peligro; solo los redimidos andarán por ella. (NTV)."

Noten que hay una carretera en la que los justos viajarán y los impíos no tienen permitido este camino. Yo sugiero que podría haber un entendimiento secundario de este pasaje. Mientras que la escritura se referiría primordialmente a aquellos humanos que están redimidos, puede que también sugiera otro tipo de carretera, por ejemplo, una carretera espiritual horizontal. De paso, la escalera de Jacob mencionada en Génesis puede que sea una referencia a una carretera vertical. Tal vez el Señor haya establecido estas carreteras como lugares de movimiento espiritual. Algunos las han llamado 'portales'. El Salmo 16: 6 también habla de líneas:

Las cuerdas me cayeron en lugares deleitosos, y es hermosa la heredad que me ha tocado. (RV60)

La corrupción de estas líneas por medio del enemigo le daría permiso para que utilizara las líneas para propósitos de maldad. En Isaías 34:11 habla de esto:

Dios extenderá sobre Edom el cordel del caos y la plomada de la desolación. (NVI)

Esta línea o cordel de caos podría referirse fácilmente a las líneas ley, y la plomada de la desolación podría hablar de lo que yo llamo brotes, o líneas de conexión verticales entre capas horizontales de líneas ley. La escalera de Jacob, mencionada en Génesis, puede que sea una referencia a una carretera vertical. ¿Podría el enemigo utilizar estas líneas para comunicarse y para viajar?

Si es cierto que el enemigo ha corrompido lo que el Señor había destinado para bien, entonces, ¿cómo sucedió esto?

Cuando Adán y Eva pecaron, le dieron la creación al enemigo. Tal vez parte de lo que fue entregado fueron estas líneas. En Romanos 8:19-21 habla de un tiempo en que nosotros, como hijos de Dios tomaremos de regreso para el Señor, lo que el enemigo ha capturado:

Pues toda la creación espera con anhelo el día futuro en que Dios revelará quiénes son verdaderamente sus hijos. Contra su propia voluntad, toda la creación quedó sujeta a la maldición de Dios. Sin embargo, con gran esperanza, la creación espera el día en que será liberada de la muerte y la descomposición, y se unirá a la gloria de los hijos de Dios. (NTV)

Cuando le damos nuestras vidas a Jesucristo, nos es dada de regreso la autoridad sobre la creación. Sin embargo, debemos ejercer esa autoridad y recuperar lo que le fue entregado al enemigo.

Podemos nuevamente establecer los 'caminos de santidad', pidiéndole al Señor que purifique estas líneas. Hago esto mediante caminar a lo largo y lo ancho de una casa o de una propiedad, cortando la contaminación del enemigo. Note ese ligero cambio en la terminología, una vez que entendimos que las líneas ley son la creación de Dios, comenzamos a cortar la contaminación en lugar de cortar las líneas como lo hicimos al principio. Por cierto, el Señor quizás nos posicione en ciertos lugares para que podamos recuperar áreas específicas. Hechos 17:26 nos dice:

De un solo hombre creó todas las naciones de toda la tierra. De antemano decidió cuándo se levantarían y cuándo caerían, y determinó los límites de cada una. (NTV)

En otras palabras, hemos de establecer Su reino donde vivimos.

Hemos visto aplicaciones muy prácticas para el entendimiento de estas líneas. Donna y yo tenemos una amiga que acababa de construir

172

su nuevo hogar. Noche tras noche le resultaba imposible dormir. En su desesperación, ella nos pidió que fuéramos a la casa para ver lo que discernimos. Cuando entramos en el dormitorio principal, sentí una gran 'línea ley' que corría a través de su cama. Le pedimos que ella cortara esa contaminación y esa noche ella pudo dormir por primera vez en su nuevo dormitorio.

Un pastor suizo y su esposa cuentan una historia increíble sobre su descubrimiento de las líneas ley en una casa alemana. Habían sido invitados a orar por una mujer lisiada en una villa alemana, que había estado encorvada durante muchos años. A medida que oraron por ella, se enteraron de que había brujas que vivían a cada lado de su casa, y luego discernieron una gran línea ley que cruzaba su casa. A medida que rompieron esa contaminación, ella inmediatamente se puso de pie con la espalda recta. ¡Ella había sido sanada!

Tal vez la libertad en su hogar, en su lugar de trabajo, y su iglesia está vinculada a quebrar la maldad en esas líneas. Busque al Señor y vea lo que Él quiere que usted haga.

Quizás usted se cruce con estos Caminos de Santidad en su Excursión al Cielo.

Capítulo Dieciséis

Habiendo servido por muchos años como pastor bautista, estaba acostumbrado al modelo pastoral de liderazgo del siglo veinte. Un pastor debía liderar. Por supuesto, que habían juntas gobernando las iglesias, diáconos o ancianos, más un incontable número de comités que darían su opinión. Había constante tensión sobre la autoridad del pastor, la autoridad de las juntas y por supuesto, en el modelo bautista, la autoridad de la congregación. ¡Todo el sistema era un 'campo minado' lleno de peligros! Todo esto iba a cambiar para mí.

Después de liderar mi primera liberación en 1989, invitaría a aquellos que habían sido libres a unirse a mí a orar por otros. ¡Yo estaba asombrado de lo que pasó! Estas personas que había conocido por años ahora estaban teniendo visiones, estaban hablando en lenguas, y estaban recibiendo palabras de ciencia. También estaba asombrado de que mientras encontraba difícil ocupar posiciones en los comités, los individuos estaban deseosos de venir a las sesiones de oración. Parecía que realmente disfrutaban de dejar que el Espíritu Santo usara los dones espirituales que Él les había dado. Se volvió una asombrosa revelación para mí, que el Señor estaba realmente interesado en trabajar en unidad a través de Su Cuerpo, la Iglesia, para alcanzar Su propósito. Y, a la gente en la iglesia, ¡le gustó esto! Esta verdad

174

estableció el escenario para una nueva forma de conducir las reuniones y las escuelas.

Regularmente me preguntaba cómo había comenzado a hacer 'iglesia' de forma diferente. No importa el proceso, el resultado ha sido una maravillosa revelación de como el Señor quiere que funcionemos como ¡Su Cuerpo! En nuestras escuelas, siempre nos sentamos en un círculo. Estamos allí, como iguales, en Su presencia. El Espíritu nos mueve a cada uno a contribuir con lo que el Señor nos está mostrando. En cada instancia, soy el facilitador. Sin embargo, ¡no soy la única fuente de información! Yo hago mi parte y cada participante ofrece lo que el Señor le está diciendo a él o a ella. ¡Los resultados son sorprendentes! Viene nueva revelación. La escritura se abre de nuevas formas. Recibimos maravillosas ideas de los pasajes que yo pensaba que había entendido. Me di cuenta de que el Señor quiere revelarse a sí mismo en el contexto de Su iglesia trabajando juntos en unidad. Ya no se trata de una persona diciéndoles a otros que se sientan en filas ¡lo que dice la Palabra! Es una aventura dentro de Su verdad a través de la unidad del cuerpo. Fue en este tipo de ambiente que la nueva revelación de Zacarías 4 vino.

En una de nuestras escuelas de Entrenamiento del Discernimiento, nos encontramos en Zacarías 4. El pasaje comienza con un ángel hablándole a Zacarías. Hemos descubierto que esto sigue siendo algo normal en nuestra vida cristiana. Ángeles, por definición, son mensajeros y ellos ¡traen mensajes! El pasaje luego nos revela que

175

Zacarías tuvo una visión de un candelabro de oro sólido con un cuenco encima. El candelabro tenía siete lámparas con siete tubos a las siete lámparas. El pensamiento cruzó mi mente. "¿Hay un candelabro en frente de cada uno de nosotros?". Puse a alguien que se paró y para mi sorpresa; en efecto, había un candelabro en frente de él. Chequeé con alguien más y también tenía un candelabro. Luego especulé que también debería haber un cuenco de oro encima de cada persona. Efectivamente, ¡había un cuenco de oro encima de la cabeza de cada persona!

Zacarías luego vio dos olivos. Si hay un candelabro y un cuenco de oro, entonces quizás haya dos olivos al lado de cada persona. Para mi maravilla, ¡había dos árboles! Finalmente, chequeé con Zacarías 4 y encontré en el verso 12 que había dos ramas que goteaban dentro de las tuberías de oro que iban dentro del cuenco de oro. El aceite de los olivos goteaba dentro de las siete velas. Y otra vez, podía confirmar, a través del discernimiento y la confirmación de otros que todo esto ¡estaba alrededor de nosotros! Luego la revelación comenzó a llegarnos a todos.

¿Dónde están los dos olivos? El Señor nos llevó a Apocalipsis 22:1-2. "Después me mostró un río limpio de agua de vida, resplandeciente como cristal, que salía del trono de Dios y del Cordero. En medio de la calle de la ciudad, y a uno y otro lado del río, estaba el árbol de la vida, que produce doce frutos, dando cada mes su fruto; y las hojas del árbol eran para la sanidad de las naciones." Estaba sorprendido. La escritura parece indicar claramente que hay dos árboles, uno a cada lado del Río de Dios. ¿Podría ser que los dos olivos en Zacarías fueran los Árboles de la Vida?

A medida que sentí los árboles, reconocí con mi discernimiento que estos árboles ¡eran realmente seres vivientes! Supe lo que eran debido al previo entrenamiento de discernimiento que había tenido. Estos árboles eran 'poderes'. Los árboles en la biblia son 'poderes'. Los Árboles de la Vida con seres vivos y son 'poderes'. Después de la revelación sobre el olivo en Zacarías 4:6, se nos ha dicho que "No con ejército, ni con fuerza, sino con mi Espíritu, ha dicho Jehová de los ejércitos." El poder para nuestras vidas, la unción, vienen del Espíritu Santo a través de los olivos espirituales, ¡los Árboles de la Vida!

¿Qué es el candelabro? Es Su luz. Se nos ha dicho que no escondamos "nuestra luz" bajo el almud, pero ¡que la mantengamos descubierta! ¡Verdaderamente hay una luz! Es Su luz ardiendo en el candelabro frente a nosotros.

¿Qué es el cuenco? En Eclesiastés 12:5 tenemos que recordar a nuestro Creador "antes de que el cuenco de oro sea quebrado." Somos instruidos en Apocalipsis 5:8 que los ancianos espirituales alrededor del trono de Dios sostienen "cuencos de oro" los cuales están llenos con incienso. Este incienso son las "oraciones" de los santos. A medida que puse mi mano en el cuenco encima de la cabeza de la persona, reconocí que el cuenco había sido contaminado por el pecado generacional. Fue después de esta revelación que el Señor nos dio una oración para tratar con esta contaminación. (Ver Apéndice)

Ahora nos habíamos movido a una nueva comprensión del mundo espiritual en nuestra Excursión al Cielo.

Capítulo Diecisiete

Mi don de discernimiento me permite discernir lo que está presente en una habitación en el reino del espíritu. Un domingo por la tarde mientras me levanté para hablar en un servicio en una iglesia de Honolulu, Hawái, sentí que algo nuevo estaba ocurriendo. Sentí lo que parecía ser un fuego y era muy diferente a todo lo que había discernido antes. Me detuve y pregunté: "Ok, ¿qué está pasando aquí?" Un vidente respondió, "Veo una fuente de bronce por allá."

Al instante, me di cuenta de que el tabernáculo de Dios se había hecho presente. Bueno, eso fue lindo y hubo un tiempo en mi vida, hace mucho tiempo, donde prediqué sobre el tabernáculo, pero ciertamente no era de lo que se trataba las notas que había preparado. Así, que empecé a explorar a lo largo del frente de toda la iglesia, tratando de sentir las dimensiones o lo que sea que se había presentado en ese lugar. Efectivamente, el tabernáculo entero estaba allí, así que dije, "Ok, vamos a tener algo de ayuda aquí." Luego la gente comenzó a recibir referencias en la escritura y terminamos haciendo un estudio bíblico con un par de cientos de personas.

Luego se me ocurrió que la gente se suponía que caminara a través del Tabernáculo. Así que empezaron a caminar a través del

179

Tabernáculo y eventos interesantes comenzaron a suceder. La gente comenzó a manifestar evidencias del Espíritu de Dios sobre ellos, y más tarde nos enteramos que algunos de ellos habían salido para vomitar. Estaban siendo liberados.

Una de las partes más emocionantes de la historia es que dos hombres no cristianos, en sus veintes, caminaron a través del tabernáculo y exclamaron, "Guau, ¿qué fue eso? Los demonios me dejaron." La noche siguiente estos jóvenes asistieron a un servicio de sanidad en la misma iglesia, aceptaron a Cristo y se bautizaron el siguiente domingo.

Nosotros los cristianos regularmente tenemos reacciones interesantes con respecto al mover de Dios. Creemos las cosas que nos fueron enseñadas *sobre* la Biblia, pero no creemos *en* la Biblia. Creemos que los relatos bíblicos pasaron muchos siglos atrás y que, aunque puede ser que sucedan nuevamente en el futuro, ciertamente no van a suceder hoy. Sospechamos si algo de inusual de naturaleza espiritual sucede ahora. Hemos sido convencidos que la realidad es solo aquello que podemos ver. Aun así, quebramos ese principio todos los días mientras miramos televisión. Mire alrededor de cualquier habitación a ver si ve el canal 2. No puede ser visto. Parece no estar presente en ningún lado. Pero traiga una televisión, enciéndala y allí está, una imagen en el canal 2. Se ha vuelto la manifestación de una realidad no vista. La señal de la televisión que hace la imagen posible estuvo allí mucho antes, aun cuando no podía ser vista. Estamos rodeados por un mundo espiritual. Todo lo que necesitamos hacer es permitir al Espíritu Santo que "nos sintonice" con lo que está pasando en el Espíritu.

Después de que apareció el tabernáculo, me di cuenta que necesitaba hacer un nuevo estudio para refrescar mi memoria. Mi investigación me llevó a Éxodo 35-40 y a una edición de 1955 del Tabernáculo por el Dr. M. R. Dehaan. A medida que estudiaba el Tabernáculo, me di cuenta de que el Señor me había dado una muy profunda experiencia. De repente me di cuenta que desde 1991 cuando Dios me dio el don de discernimiento y comenzó a enseñarme a discernir diferentes seres espirituales, todo lo que he aprendido a identificar a través del discernimiento había tenido lugar en el tabernáculo. Era un rompecabezas que el Señor había hecho, dándome una pieza a la vez. Él me permitiría discernir algo, y luego Él, algunas veces en el transcurso de varios meses, me enseñaría lo que estaba discerniendo. Luego practicaría ese discernimiento por un período de tiempo hasta que se volviera una parte natural de mi vida y luego Él me permitiría discernir algo nuevo. Este proceso ha tomado lugar una y otra vez a través de los años. Pero lo que no me di cuenta es que todas las partes de mi discernimiento un día encajarían juntas como un todo, como si me hubieran dado las piezas de un rompecabezas. Cuando las piezas fueron puestas todas juntas, ¡era el Tabernáculo! "Todo lo que había aprendido fue en el Tabernáculo." Se volvió aún más claro cuando entendí que el tabernáculo habla de Jesús. Es un presagio de

Jesús. Y un día en el *parousia* la segunda venida de Jesús, el Tabernáculo será manifestado en la tierra.

En la Biblia, hay un solo Tabernáculo, un solo lugar de reunión, un solo lugar de sacrificio. La Biblia no lo dice "Y Jesús es una de las puertas." No dice que Jesús es solo el camino. Jesús mismo dijo, "Yo soy el Camino, la Verdad y la Vida." Hay un solo Tabernáculo y hay una sola entrada dentro de él. Un profeta me dijo que Jesús entendió que el atrio del Tabernáculo era llamado "el camino", el Lugar Santo era llamado "la verdad", y el Lugar Santísimo era llamado "la vida". Es por eso que cuando Jesús dijo que Él era "el camino, la verdad y la vida," los líderes religiosos supieron que Él estaba afirmando ser el Tabernáculo.

En el año 1955 Dr. De Haan calculó el costo del Tabernáculo. Ajustando a la inflación, podemos determinar que el costo de construcción hoy sería de aproximadamente US$ 14.5 millones. Él también escribió que en esos días, era la estructura de su tamaño más cara del mundo, y eso puede que sea verdad todavía hoy.

El material para la construcción del Tabernáculo vino de una ofrenda que es mencionada en Éxodo 36:6-7. "Entonces Moisés mandó pregonar por el campamento, diciendo: Ningún hombre ni mujer haga más para la ofrenda del santuario. Así se le impidió al pueblo ofrecer más; pues tenían material abundante para hacer toda la obra, y sobraba." ¿Qué tan seguido ha pasado eso en nuestra

182

experiencia? Decirle a la gente que pare de dar ¡porque estaban dando demasiado!

El tamaño del complejo entero era de 75 pies de ancho por 150 pies de largo, del tamaño de un lote en una ciudad ordinaria. La tienda sola que consistía del Lugar Santo y el Lugar Santísimo era de 15 pies de ancho, 15 pies de alto y 45 pies de largo, el tamaño de un living extra largo. En el lado este había un portal con una cortina sobre la entrada hecha de tela azul que habla del cielo y la perfección.

Las paredes de la tienda estaban recubiertas de placas de madera de acacia revestidas de oro y plata, una madera muy dura del desierto, que habla de la naturaleza incorruptible de Jesús. La madera representa Su humanidad. Cada placa en la tienda era de 15 pies de largo por 2 ¼ pies de ancho, con 24 placas cada una para los lados largos y 6 placas para los lados cortos. Las placas estaban atadas juntas por 5 barras horizontales de madera, recubiertas de oro y plata, de cada lado, las cuales pasaban a través de aros de oro unidos a las placas de punta a punta. Las placas verticales descansaban en zócalos de plata maciza, eso era 100 zócalos de 100 libras cada uno. Recuerde que esta era una tienda portátil, y tenía que ser acarreada por el desierto por 40 años. ¡Eso eran 5 toneladas de plata! En cada bloque de plata, había un agujero y un poste de madera que iría sobre cada zócalo. La plata fue pagada con los impuestos de redención, así que el Tabernáculo completo descansaba sobre la redención. De hecho, el impuesto fue llamado dinero de la expiación. Cada persona en las tribus de Israel tenía que pagar el impuesto. Era equivalente a US$ 3 de hoy, no era un monto astronómico. Nosotros gastamos más que eso ¡en un café latte de Starbucks!

Había siete piezas de mobiliario en el Tabernáculo. La primera pieza era llamada el altar para quemar la ofrenda, también llamado el altar de bronce. Era el primer objeto visible que la gente veía cunado atravesaban el portal. El altar de bronce habla de la cruz. En el altar había 4 cuernos que parecían los gajos de una naranja cuando es cortada en cuatro. Estos cuernos están ubicados en las cuatro esquinas del altar. Era en estos cuernos donde el sacrificio sería atado.

El presente altar fue hecho de madera, que habla de la humanidad de Jesucristo. Estaba recubierto de bronce, que habla de juicio. Este era un lugar de juicio. Se nos dice en Levítico 9:24 que el fuego vino por primera vez del cielo, no del hombre lo que excluye toda posibilidad de fuego extraño o fuego demoníaco. La venida del fuego debe haber sido una escena ¡espectacular!

De ahí en adelante el altar tenía que estar prendido continuamente lo que podemos asumir que significaba que todavía estaba ardiendo aun cuando lo llevaban de un lugar a otro. Fue de ese fuego, que el altar del incienso que está en el Lugar Santo, fue encendido.

Note que a través del Tabernáculo, aun en el atrio donde está el altar de la ofrenda quemada, no había sillas. Esto es porque el trabajo de los sacerdotes tenía que ser hecho continuamente y su trabajo nunca fue hecho. Pero algo pasó en la cruz. Jesús fue crucificado y el velo entre el Lugar Santo y el Lugar Santísimo fue rasgado. Después de la resurrección de Jesús y de un breve tiempo en la tierra, Él ascendió al cielo. Él como nuestro Sumo Sacerdote se sentó, lo que habla de que el trabajo de redención está hecho. La Biblia también dice que nosotros los que somos creyentes estamos ahora sentados con Él. Es algo increíble que estemos sentados y en un estado de descanso porque el trabajo de redención ahora ya fue realizado.

La siguiente pieza de mobiliario es el lavacro o fuente, una pieza muy interesante, las dimensiones para su construcción no están en la Biblia. Fue hecho de bronce. El bronce fue recolectado de las mujeres. Cuando las mujeres dejaron Egipto, el Señor las recompensó por los 400 años previos de trabajo duro. Uno de los bienes materiales que recibieron fueron espejos de bronce. Fueron los espejos de bronce que se volvieron la base para la construcción del lavacro. Simbólicamente, esto habla de rendir la carne y el orgullo de la vieja naturaleza. Debido a que los sacerdotes caminaban ida y vuelta en el piso sucio del Tabernáculo, sus pies y manos siempre se ensuciaban. El lavacro era un lugar de lavado continuo. Note que después de que uno pasa por el altar de bronce, el ya no necesita ser totalmente limpio. Es suficiente solo lavar sus manos y sus pies limpios en el lavacro. Esto está ilustrado por la conversación que Jesús tuvo con Pedro. Cuando Pedro le pidió a Jesús "Límpiame todo", Jesús respondió, "No, solo tus pies."

Me gusta el hecho de que no hay dimensiones del lavacro; es multidimensional quizás hablando de los lugares celestiales. En otras palabras, no hay límites para el lavado de los pies. Si confesamos nuestros pecados, Él es fiel y justo para perdonar nuestros pecados y para limpiarnos de toda injusticia. Este versículo está dirigido a los cristianos, no a los no creyentes. ¿No es un concepto maravilloso? No hay límite de su misericordia hacia nosotros. Después de la salvación, podemos venir continuamente a Él para limpiarnos.

Miremos ahora el techo de la tienda la cual fue hecha de cuatro capas. El techo de la tienda fue solo visto por los sacerdotes y el Sumo Sacerdote. Era un pedazo de tela bellamente tejido lo cual representa la belleza de Jesucristo. Esta belleza es solo vista por el creyente. No es hasta que usted está dentro (salvo) que puede ver la belleza de Cristo. Déjeme describir el techo interior. Era magnificente. Era de lino blanco bordado con oro que habla de la naturaleza real de Cristo, con púrpura que habla de Su naturaleza real, con azul que habla de su naturaleza celestial y rojo escarlata que habla de su sacrificio como ofrenda por nosotros. Tejidos dentro de este techo de lino blanco había querubines que estaban siempre mirando hacia abajo sobre los adoradores. El techo entero estaba hecho de diez cortinas separadas. Este techo completo habla de la gloria de Jesucristo.

La siguiente capa del techo era tela que no se veía. Esta capa estaba hecha de pelo de cabra que habla de Cristo como el portador de nuestro pecado. La cabra era un animal que era apto para el sacrificio. Los pecados del pueblo eran puestos sobre el chivo expiatorio una vez al año, y a esta cabra era llevada al desierto. La tercera capa era de piel de carnero teñida de rojo brillante. El carnero era un sacrificio sustituto para el pecador. La cuarta y última capa estaba hecha de piel de marsopa, pero ¿dónde encontraron los israelitas marmotas en el desierto? La gente entregó sus zapatos, los cuales estaban hechos de piel de marmota, para hacer el techo. Note que la persona fuera del Tabernáculo solo vio el monótono exterior negro de la tienda. Es solo el creyente el que puede ver la increíble belleza interior de la tienda, la belleza de Cristo. Isaías nos recuerda, "no hay parecer en él, ni hermosura; le veremos, más sin atractivo para que le deseemos."

Clavijas de cobre que eran resistentes al óxido y la corrosión sostenían la tienda. Esto habla de la vida y muerte incorruptible de Cristo. Ellos iban muy profundo dentro de la tierra, y no hay ninguna indicación de que la tienda o las paredes alrededor del atrio alguna vez se cayeran. Esto es asombroso cuando uno recuerda que el Tabernáculo tenía que sobrevivir en el desierto. Nosotros vivimos en un área de desierto, y puedo asegurarle que no hay falta de viento aquí. No tenemos ninguna indicación de que le Tabernáculo alguna vez se cayera con el viento. El diseño del Señor lo hizo seguro en el viento del desierto. Las paredes estaban atadas con cuerdas que habla de Sus cuerdas de amor que están mencionadas en Oseas.

El interior de la carpa consistía en dos habitaciones, el Lugar Santo y el Lugar Santísimo. Ahora, hay solo una habitación, porque la cortina o velo que separaba las dos habitaciones fue rasgada al momento de la muerte de Jesucristo. En el Lugar Santo, había tres piezas de mobiliario. Mirando hacia el oeste, en la parte norte, estaba la mesa de los panes de la proposición. Era una mesa muy pequeña hecha de madera de acacia cubierta de oro. Era de 3 pies de largo, 1 ½ pies de ancho y 2 ¼ pies de alto. En la mesa había 12 panes. Estos panes de incienso eran reemplazados por panes frescos cada sábado. Había una corona de oro alrededor de la mesa para mantener el pan en su lugar. Era en esta mesa en la que los sacerdotes comerían, tendrían comunión y adorarían cada día. El pan habla de Jesucristo, El Pan de Vida.

En la parte sur estaba el candelabro. No había ninguna otra luz en el Tabernáculo; esta era la única. El aceite de oliva, que habla del Espíritu Santo, era usado como combustible para las siete velas que descansaban en los siete brazos del candelabro. Esto representa los Siete Espíritus de Dios listados en Isaías 11. En el lugar más cercano al Lugar Santísimo estaba el altar del incienso que estaba hecho madera y cubierto de oro puro. Este era llamado el altar dorado y era el lugar donde el incienso se quemaba continuamente. Se nos ha dicho que el incienso habla de intercesión en Salmo 141:2. "Suba mi oración delante de ti como el incienso." La sangre era puesta en este altar una vez al año por el sumo sacerdote quien a su vez luego tomaría un incensario que sostendría los carbones dentro del Lugar Santísimo. El movería el incensario sobre el Arca del Pacto.

El Arca del Pacto con el propiciatorio encima era el único objeto en el Lugar Santísimo. El Lugar Santísimo es un cubo, el Arca del Pacto con el propiciatorio es un cubo, y la ciudad de Dios es un cubo. Por lo tanto el Arca del Pacto es un cubo, dentro de un cubo, dentro de otro cubo. Yo creo que esto representa la naturaleza multidimensional de los lugares celestiales.

El arca es mencionada nuevamente en el Nuevo Testamento en Apocalipsis 11:19. "Y el templo de Dios fue abierto en el cielo, y el arca de su pacto se veía en el templo. Y hubo relámpagos, voces, truenos, un terremoto y grande granizo." Note que el templo de Dios fue abierto en el cielo. En el griego, hay dos palabras para templo. Una, habla de la estructura entera de cualquier templo y la otra habla solo del lugar más santo en ese templo.

Esa es la palabra que es usada para templo aquí.

Ahora aquí está el misterio. Nosotros somos el templo del Señor. Por lo tanto tenemos el Lugar Santo y el Lugar Santísimo en nosotros, pero también estamos en el Lugar Santo y en el Lugar Santísimo. En Filipenses, dice que estamos en Cristo y Cristo está en nosotros, así que estamos en ambos en el Lugar Santísimo y en el Lugar Santo, pero también ellos están en nosotros.

Recuerde que el Arca del Pacto es también el trono de Dios, y alrededor del Arca están los 24 ancianos. Todo este trono de Dios cabalga sobre el mar de cristal y sobre los querubines. Es un torno portátil. Salmo 18:9-10 declara la naturaleza móvil del trono. "Inclinó los cielos, y descendió; y había densas tinieblas debajo de sus pies. Cabalgó sobre un querubín, y voló; voló sobre las alas del viento."

En el Arca del Pacto, había tres elementos; una muestra del maná, la vara de Aarón que reverdeció y los Diez Mandamientos. El sumo sacerdote solo entraría al Lugar Santísimo una vez al año. El propiciatorio que está encima del Arca del Pacto, tiene un querubín de cada lado del arca. El asiento de la misericordia es el también llamado, propiciatorio. La palabra significa "lugar de satisfacción."

Dios estaba satisfecho con el sacrificio que hizo Su Hijo, mediante el derramamiento de Su sangre por nuestros pecados. Cuando esa sangre fue puesta en el propiciatorio en el cielo, el Padre consideró el pago del pecado hecho por completo. El hebreo equivalente a la palabra griega propiciación es la palabra *kaphar,* la cual significa cubrir. Es la misma palabra que fue usada para la brea entre las ranuras de madera en el arca de Noé lo cual es fascinante porque esa brea es lo que guardó el juicio de Dios de que la familia de Noé fuera

190

tocada. Es como la sangre de Cristo cuando es puesta en el asiento que mantiene el juicio lejos de nosotros.

El Lugar Santísimo es un lugar muy interesante. Hay lugar para solo uno a la vez allí. Es el lugar de intimidad. Es la habitación de Salomón. Es el lugar de descanso. Es el lugar para Jesús y usted y para nadie más. Es el lugar donde Él tiene su completa atención y usted tiene su completa atención. Piense en eso, el Creador del cielo y la tierra se encuentra con usted personalmente en el Lugar Santísimo en el asiento de la misericordia o lugar de la propiciación.

En Hebreos 8:1b-5, leemos,

Tenemos tal sumo sacerdote, el cual se sentó a la diestra del trono de la Majestad en los cielos, ministro del santuario, y de aquel verdadero tabernáculo que levantó el Señor, y no el hombre. Porque todo sumo sacerdote está constituido para presentar ofrendas y sacrificios; por lo cual es necesario que también éste tenga algo que ofrecer. Así que, si estuviese sobre la tierra, ni siquiera sería sacerdote, habiendo aún sacerdotes que presentan las ofrendas según la ley; los cuales sirven a lo que es figura y sombra de las cosas celestiales, como se le advirtió a Moisés cuando iba a erigir el tabernáculo, diciéndole: Mira, haz todas las cosas conforme al modelo que se te ha mostrado en el monte.

Fue entonces que me di cuenta, que estaba discerniendo el verdadero Tabernáculo, el Tabernáculo del cielo. Este Tabernáculo espiritual es el verdadero. Moisés hizo una copia del Verdadero Tabernáculo en el cielo. Yo estaba discerniendo el verdadero Tabernáculo. Mire en Apocalipsis 21:3 el cual habla del tiempo futuro. "Y oí una gran voz del cielo que decía: He aquí el tabernáculo de Dios con los hombres, y él morará con ellos; y ellos serán su pueblo, y Dios mismo estará con ellos como su Dios." ¿Es posible que 'ahora' es el comienzo del tiempo presente?

Mientras estaba en Chicago en una conferencia, el Tabernáculo apareció durante una reunión. Tuvimos personas caminando a través de él. Las personas fueron impactadas por el poder de Dios. A medida que se movieron por el Lugar Santísimo, los hombres tuvieron que acarrear a la gente a otras áreas de la habitación, ya que no se podían levantar bajo el poder de Dios. Sentí que hice lo que debía hacer así que volví a la habitación de mi hotel. Al día siguiente, recibí un mail de un hombre que había asistido a la reunión. ¡Estaba muy enojado conmigo! No podía creer que yo me fuera mientras la gente caminaba a través de un ¡"Tabernáculo invisible"! No podía creer su respuesta. Claramente, la gente estaba siendo dramáticamente impactada por el Poder de Dios. Pero él no lo podía creer, porque no podía ver el Tabernáculo. No podía darse cuenta que el verdadero es el que está en el cielo, ¡no el físico!

Sabemos por las escrituras que hubo corrupción en el Tabernáculo terrenal. Mire Hechos 15:16. "Después de esto volveré y reedificaré el tabernáculo de David, que está caído; y repararé sus ruinas, y lo volveré a levantar, para que el resto de los hombres busque al Señor." ¿Qué pasó en el Tabernáculo?

Hubo un día cuando el Tabernáculo fue corrompido por los hijos de Eli, Finees y Ofni, cuando sacaron el arca del Lugar Santísimo. La pregunta que tengo es, "¿Cómo fueron estos hermanos capaces de remover el Arca del Pacto del Tabernáculo?" Solo Eli, como el sumo sacerdote, tenía acceso al Lugar Santísimo y ¡solo en el Día de la Expiación! Pero, ellos tomaron el Arca, la presencia manifiesta de Dios, el lugar donde descansaba Su gloria, dentro del territorio filisteo. Fue capturada por los filisteos y llevada dentro del templo de Dagón. Estuvo allí por solo una noche, y en la mañana el altar de Dagón se había caído.

Piense sobre lo que pasó en los templos del viejo mundo. Ellos ofrecían sacrificios humanos y practicaban la prostitución en el templo. Estas ha sido una gran revelación para mí, porque parece que estos actos horribles tuvieron lugar en el arca. ¿Es posible que la sangre de esos sacrificios humanos goteara dentro del Pacto de Dios y fuera contaminado? El Arca permaneció en el territorio de los Filisteos por aproximadamente 6 meses, y no sabemos cuánta contaminación tomó lugar. Si sabemos, sin embargo, que en la dedicación del templo de Salomón cuando el arca fue colocada en el Lugar Santísimo solo los Diez Mandamientos permanecieron (2 Crónicas 5). Se sospecha que los Filisteos sacaron la vara de Aarón que habla de la autoridad y sacaron el pan, que es la provisión. Me pregunto ¿cuánto de esa contaminación llevó a la futura caída de la nación de Israel?

Si usted lee sobre la dedicación del templo, no dice que la Gloria de Dios vino y descansó en el propiciatorio. La escritura dice que Él vino a llenar el templo con Su gloria. La Biblia también dice que un día va a haber un nuevo Tabernáculo. Esto es interesante. El resultado del establecimiento del Tabernáculo es que "Para que el resto de los hombres busque al Señor, y todos los gentiles, sobre los cuales es invocado mi nombre, dice el Señor, que hace conocer todo esto desde tiempos antiguos."

Me pregunto si lo que Dios está haciendo con la manifestación del verdadero Tabernáculo ¿es un precursor de un brote evangelístico de avivamiento en la tierra?

Ahora, ¡todas las piezas del rompecabezas encajan! Todo lo que he aprendido a discernir estaba en el Tabernáculo y el Señor nos ha permitido caminar a través del "Tabernáculo espiritual." Ahora, venga y camine conmigo mientras exploramos el Tabernáculo en el cielo.

- A medida que entre el portal del Tabernáculo, usted está caminando a través del portal que lo lleva a los Lugares Celestiales, las dimensiones. Salmo 24:7 declara: "¡Alzad, oh puertas, vuestras cabezas!" Yo creo que estas puertas son seres vivientes. Muchos otros han confirmado lo que yo he discernido. Usted puede sentir su mano moviéndose a un lugar diferente cuando pone su mano en la puerta del Tabernáculo.

- El primer objeto espiritual al que llega es al Altar de Bronce. Ahí es donde está el horno. El Ángel del Señor está aquí. Es el lugar del juicio por todas las cuestiones generacionales.

- Luego usted llega al Lavacro. El Lavacro es el lugar de la sanidad. Aquí es donde el Sol de Justicia con sanidad en sus alas se levanta. Fue otra asombrosa revelación cuando me di cuenta que cuando aparece el Horno, el Sol de Justicia estará justo al lado del horno así que después de que la gente camine a través del horno primero, recibe liberación, y luego ellos se pararán en el Sol de Justicia.

- Muchos fueron sanados mientras se pararon allí. El Altar de Bronce y el Lavacro estaban en las mismas posiciones en la que vimos ¡el Horno y el Sol de Justicia! Este es también el mismo orden encontrado en Malaquías 4.

- A lo largo del Tabernáculo podemos discernir ángeles. Algunos me han dicho que usualmente los ángeles los guían mientras ellos caminan a través del Tabernáculo. Otros han dicho que Jesús mismo los ha guiado a través de toda la estructura.

- A medida que usted se aproxima al Lugar Santo y el Lugar Santísimo, Palmoni y las dos columnas pueden ser discernidas. Este es el lugar donde estamos alineados a entrar dentro del Lugar Santo y el Lugar Santísimo.

- A medida que usted entra al Lugar Santo, usted puede discernir el candelabro. Cerca del candelabro están los olivos, los Árboles de la Vida. Recuerde, en el espíritu los poderes regularmente se ven como árboles. En el lado opuesto al candelabro esta la mesa de la propiciación. En el lugar más cercano al Lugar Santísimo está el Altar Dorado, el Altar del Incienso. Es aquí donde uno puede discernir los serafines.

- A medida que usted entra el Lugar Santísimo, entra a la presencia manifiesta del Señor Jesucristo. ¡Este es el lugar de reposo! También puede discernir los querubines y los 24 ancianos que están alrededor del Trono de Dios el cual está ubicado en el Asiento de la Misericordia o Propiciatorio. El Consejo de Dios y la Corte de Dios estarán en la presencia del Trono.

- ¿Qué es lo que ocurre cuando caminamos a través del tabernáculo? Isaías 35:8 nos dice. "Y habrá allí calzada y camino, y será llamado Camino de Santidad." ¿Es posible entonces que el trayecto a través del tabernáculo espiritual es el camino de santidad?

- En ocasiones algunas personas me han reportado que Jesús se les unió en la puerta y los llevó a través del Tabernáculo diciendo, "Entiende. Todo esto habla de mí."

Durante nuestra Excursión al Cielo nos dimos cuenta que todo lo que experimentamos es sobre Jesucristo.

Conclusión

La historia del mundo es la historia de la exploración de nuestra tierra. La gente estuvo siempre moviéndose, buscando otro lugar, algo nuevo, y mejores condiciones. Parece que siempre hubiera un empuje hacia aventurarse y ver qué hay detrás del próximo horizonte. Había un anhelo en sus corazones por encontrar algo diferente, algo que trajera más satisfacción.

La búsqueda de aventura continúa hoy, pero ¿adónde vamos? Los terrenos de la tierra han sido explorados. ¿Dónde más podemos ir? ¿Es la única solución visitar lugares en las vacaciones, juntándose con miles de personas quienes también están viendo lo que ya ha sido descubierto? ¿No hay nada más? ¡Si, hay!

Un físico escribió en *Scientific America* que él cree que debe haber como 10500 dimensiones (lugares celestiales) en el universo. Yo he tenido otro pensamiento. ¿Es posible que haya un número infinito de dimensiones y que cada dimensión sea infinita? Si esto es verdad, entonces la aventura realmente recién ha comenzado.

¿Cuál es el propósito de toda esta exploración? ¿Por qué necesitamos otro lugar para ir? ¿Por qué estamos tan movidos por más aventura? Efesios 1:17, nos da la respuesta. "Para que el Dios de nuestro Señor

Jesucristo, el Padre de gloria, os dé espíritu de sabiduría y de revelación en el conocimiento de él."

Nuestra Excursión al Cielo tiene lugar para que podamos conocerlo mejor.

¿Se atreve a ir adonde Dios quiere que vaya?

Apéndice

ORACIÓN PARA DESMANTELAR LOS PODERES

Declaro que una vez fui un niño en esclavitud sujeto a los principios básicos del mundo. Pero cuando se cumplió el tiempo señalado, Dios envió a su Hijo, nacido de mujer, nacido bajo la ley, para redimirme ya que estaba bajo la ley, para que pudiese recibir todos los derechos de un hijo. Debido a que soy un hijo, Dios puso el Espíritu de su Hijo en mi corazón, el Espíritu que clama: "Abba, Padre". Así que ya no soy un esclavo, sino hijo, y como soy un hijo, Dios me ha hecho también heredero.

Me arrepiento de todas las actividades religiosas actuales y generacionales, y la creencia en y la práctica de todas las filosofías y tradiciones humanas, incluyendo cualquier confianza o dependencia impía en la ley.

Ahora demando y ordeno, en el nombre de Jesús, que todos los poderes impíos salgan y se eliminen de mi interior todos los imanes, condensadores, cilindros, tubos, antenas y cualquier otro dispositivo que se hubieran depositado en mí.

Te pido Padre, que quites todos los dominios, principados y tronos que estaban alineados con estos poderes.

Yo renuncio y me arrepiento por la alquimia generacional y rompo con todos los lazos generacionales que le han dado el poder a esa alquimia.

Yo renuncio y me arrepiento por la creencia impía en la magia y en los cuatro elementos básicos de la creación: tierra, aire, fuego y agua.

Señor, puedes traer ahora todos los campos magnéticos de nuevo a la alineación y al balance correcto.

Padre, por favor envía ahora tu fuego para consumir todo el mal asociado a estos poderes.

Señor, ahora haz volver a mí todo lo que el enemigo me ha robado.

Ahora declaro que estoy sentado con Cristo en los lugares celestiales y que el enemigo estará bajo mis pies. Ahora te pido Padre, que liberes en mí el derecho de nacimiento generacional que me corresponde como tu hijo.

Oración basada en Gálatas 4:3-7, 9-10; Colosenses 2

ORACIÓN PARA SOLTAR LA PLENITUD DEL ESPÍRITU SANTO EN MI VIDA

En el nombre del Señor Jesucristo y por el poder de su sangre elijo acordarme de mi Creador antes de que el cuenco de oro se rompa. Yo renuncio y me arrepiento por todos aquellos que en mi línea familiar no reconocieron al Creador.

Me arrepiento por mí mismo y por aquellos de mi línea generacional que han cometido los siete pecados enunciados en Proverbios 6:17-19:

Tener los ojos altivos, la lengua mentirosa, manos que derramaron sangre inocente, un corazón que fabrica pensamientos malvados y planes diabólicos, pies presurosos para correr al mal, ser un testigo falso y por sembrar discordia entre mis hermanos.

Me arrepiento por mí y por todos aquellos que de mi línea familiar han entrado en la rebelión, en una actitud desafiante, en la apostasía, y que han caminado en pactos impíos, la adivinación y el legalismo religioso.

Yo renuncio y me arrepiento por todos los acuerdos impíos realizados con el liderazgo y por toda aceptación y reconocimiento de ancianos impíos, efectuada por mí mismo y mi línea generacional, tanto de palabra, como de pensamiento, o de obra.

Me arrepiento por mí y por mis antepasados que oraron en contra de la voluntad de Dios y que hablaron falsas profecías.

Me arrepiento por la alineación con cualquier falso espíritu santo.

Me arrepiento por toda la lealtad que le otorgué al sistema impío del mundo; rompo y cancelo todas las conexiones con la reina del cielo en mi vida y en mi línea generacional, elijo salir del sistema impío del mundo.

Me arrepiento por toda la apostasía y la abominación con la que honré a la reina del cielo, incluyendo los sacrificios de sangre humana en el altar sagrado de Dios, que es el santo monte de Dios.

Me arrepiento por mí y por aquellos de mi línea generacional que eligieron obtener la vida de la reina del cielo. Señor, te pido por favor que cualquiera ligadura entre mi persona y la reina del cielo sea cortada y quemada. Señor, quita por favor todo el mal que he recibido de la reina del cielo y límpiame, conéctame contigo otra vez para que yo pueda obtener la vida de Ti.

Señor, por favor cierra todos los portales impíos relacionados con la reina del cielo.

Elijo vaciar el cuenco de oro de cualquier contenido impío y te pido, Señor Jesús, que lo santifiques y hagas de él un vaso santo.

Señor Jesús, te pido que te encargues de la reina del cielo de acuerdo a tu Palabra.

Señor llena el cuenco de oro con todo lo que tienes para mí.

Vengo a establecer un acuerdo con todo lo que tienes para mí a través de la obra terminada de la cruz.

www.ingramcontent.com/pod-product-compliance
Lightning Source LLC
LaVergne TN
LVHW011348080426
835511LV00005B/188